Alex Bieli Ruedi Fricker Katrin Lyrén

Deutsch
Kompaktwissen

Band 1
- Wortlehre
- Satzlehre
- Grammatik
- Rechtschreibung
- Zeichensetzung

Lösungsbuch

der bildungsverlag

Deutsch Kompaktwissen. Band 1 – Schülerbuch
ISBN 978-3-03905-637-8

Alex Bieli, Ruedi Fricker, Katrin Lyrén
Deutsch Kompaktwissen
Band 1 – Wortlehre, Satzlehre, Grammatik,
Rechtschreibung, Zeichensetzung
Lösungsbuch
ISBN 978-3-03905-638-5

Gestaltung/Umschlag: Atelier Kurt Bläuer, Bern

Bibliografische Information der Deutschen Nationalbibliothek:
Die Deutsche Nationalbibliothek verzeichnet diese Publikation in der
Deutschen Nationalbibliografie; detaillierte bibliografische Daten sind
im Internet über http://dnb.d-nb.de abrufbar.

4. Auflage 2011

hep verlag ag
Brunngasse 36
CH-3011 Bern

www.hep-verlag.ch

Inhaltsverzeichnis

Laute und Buchstaben

Übung 1

Notieren Sie je etwa 10 männliche und weibliche Vornamen. Vergleichen Sie das Verhältnis zwischen Vokalen und Konsonanten. Was stellen Sie fest?
In weiblichen Vornamen gibt es meistens mehr Vokale. Dadurch klingen sie weicher, wirken rhythmischer und harmonischer (Anna, Silvia, Fabienne ...). In vielen Männernamen dominieren Konsonanten, daher klingen sie etwas härter und zum Teil auch unrhythmischer (Patrick, Walter, Hanspeter ...)

Übung 2

Bilden Sie mit den gegebenen Buchstaben so viele Wörter wie möglich. Sie können einzelne Buchstaben auch mehrfach verwenden.

Buchstabengruppe A: a e o f b d m n r z **Individuelle Lösungen. Beispiele: Farbe, doof ...**
Buchstabengruppe B: i y u p v c h s t x **Individuelle Lösungen. Beispiele: typisch, Tuch ...**

Übung 3

Ersetzen Sie jeweils nur einen Buchstaben an der gleichen Stelle, so dass ein neues Wort entsteht.
Beispiele: **M**atte – **W**atte; schrei**b**en – schrei**t**en
Individuelle Lösungen

Beispiele:	Laus:	**Maus, Laub, Lauf**	Sonne	müssen
	Seite:	**Seide, Saite, Seile**	Wein	kalt
	Kahn:	**Bahn, kühn, kann**	Ende	lustig
	Gabel		spuren	kaum
	Nabel		loben	viel
	Leute		beten	seit

Übung 4

Bilden Sie mit den beiden gegebenen Wörtern eine Kette, indem Sie jeweils mit dem letzten Buchstaben ein neues Wort beginnen. Beispiel: Wasse**r**enne**n**ach**t** ...

4.1   Wolken   4.2   Nachmittag   **Individuelle Lösungen**

Übung 5

Erklären Sie den Unterschied zwischen:

Weise/Waise: **gescheite Menschen/ Kind ohne Eltern**
Leib/Laib: **Körper/Brotlaib**
Seite/Saite: **Buchseite/Gitarrensaite**
Lehre/Leere: **Ausbildung/Einöde**
Lied/Lid: **Volkslied/Augenlid**
Miene/Mine: **Mienenspiel/Landmine, Kupfermine, Bleistiftmine**
Stiel/Stil: **Besenstiel/Schreibstil, Kunststil**
Rate/Ratte: **Teilzahlung/Tier**
Hüte/Hütte: **Kopfbedeckungen/kleines Haus**
Bett/Beet: **Kinderbett/Gartenbeet**
Dorf/Torf: **Siedlung/dunkles Erdmaterial**

Deich/Teich: **Erddamm/kleines stehendes Gewässer**
Lerche/Lärche: **Singvogel/Nadelbaum**
Heide/Heidi: **unbebaute Ebene/Vorname**
Vorname/Nachnahme: **Rufname/Einzug eines Rechnungsbetrags**
Städte/Stätte: **Plural von Stadt/bestimmter Platz**
Saal/Säle: **Einzahl/Mehrzahl**
seelisch/selig: **psychisch/zufrieden, verstorben**
beten/betten: **Gebet sprechen/das Bett machen**
Mal/Mahl: **ein Mal/Mahlzeit**
malen/mahlen: **Bild malen/Korn mahlen**
seit/seid: **seit heute/seid pünktlich**
wieder/wider: **nochmals/gegen**

Silben

> Wortbildung

Übung 1

Bilden Sie so viele Wörter wie möglich mit folgenden Vorsilben.

1.1 **be-** **beachten, betreuen, belauschen, begehen, berechnen … (Verben)**

1.2 **un-** **unheimlich, ungewollt, unbekannt, unklug … (Adjektive)**

Übung 2

Bilden Sie so viele Wörter wie möglich mit folgenden Nachsilben.

2.1 **-lich** **herrlich, kleinlich, kindlich, fürsorglich … (Adjektive)**

2.2 **-heit** **Schönheit, Klarheit, Überlegenheit, Dummheit … (Nomen)**

Übung 3

Gehen Sie von den gegebenen Stammsilben aus und bilden Sie durch die Ergänzung mit Vor- und Nachsilben neue Wörter. Diskutieren Sie anschliessend die unterschiedlichen Wortbedeutungen.

3.1 **-mach-** **abmachen, Abmachung, vermachen, aufmachbar …**

3.2 **-fahr-** **erfahren, Erfahrung, befahrbar, Gefahren …**

3.3 **-zieh-** **erziehen, Erziehung, verziehbar, Beziehung …**

Erfinden Sie weitere Beispiele.

Übung 4

Trennen Sie nach Sprechsilben.

Abhandlung	**Ab-hand-lung**
bedienen	**be-die-nen**
Casablanca	**Ca-sa-blan-ca**
Diversifikation	**Di-ver-si-fi-ka-tion**
Empfangsbescheinigung	**Em-pfangs-be-schei-ni-gung**
ergreifend	**er-grei-fend**
fusionieren	**fu-sio-nie-ren**
geldgierig	**geld-gie-rig**
herausstreichen	**he-raus-strei-chen**
Inbesitznahme	**In-be-sitz-nah-me**
Kammgarnspinnerei	**Kamm-garn-spin-ne-rei**
lebenslustig	**le-bens-lus-tig**
Matriarchat	**Mat-ri-ar-chat**
Naherholungsgebiet	**Nah-er-ho-lungs-ge-biet**
Organigramm	**Or-ga-ni-gramm**
parodistisch	**pa-ro-dis-tisch**
quecksilberhaltig	**queck-sil-ber-hal-tig**
Raumschifffahrt	**Raum-schiff-fahrt**
Schlussabstimmung	**Schluss-ab-stim-mung**
Überkapazitäten	**Über-ka-pa-zi-tä-ten**
Verselbstständigung	**Ver-selbst-stän-di-gung**
Widersprüchlichkeit	**Wi-der-sprüch-lich-keit**
Zylinderglas	**Zy-lin-der-glas**

Übung 1

Stellen Sie eine Liste von etwa 20 Wörtern zusammen, von denen Sie annehmen, dass diese zur Jugendzeit Ihrer Grosseltern noch nicht existiert haben.
Individuelle Lösungen

Übung 2

Suchen Sie in einem Wörterbuch nach deutschen Wörtern, die heute als veraltet gelten oder deren Bedeutung man gar nicht mehr kennt (Beispiel: Gevatter = Taufpate, Götti).
Individuelle Lösungen

Übung 3

Untersuchen Sie mit Hilfe eines etymologischen Wörterbuchs (Herkunftswörterbuch) den Bedeutungswandel folgender Begriffe: Weib, Frau, Fräulein, Hochzeit, Gift, billig, geil.

Weib:	**mhd. wîp = Hausfrau, Ehefrau, ein stolzes Weib, heute ein Schimpfwort**
Frau:	**mhd. vrouwe = Herrin, Dame, heute neutrale Bezeichnung für eine erwachsene weibliche Person**
Fräulein:	**mhd. vrouwelîn = junge Frau vornehmen Standes, seit dem 18./19. Jh. auch für ein bürgerliches Mädchen, heute kaum noch gebräuchlich, da die Verkleinerungsform als diskriminierend empfunden wird.**
Hochzeit:	**hohes kirchliches oder weltliches Fest, heute meint man damit die Vermählungsfeier**
Gift:	**mhd. gift = das Geben, die Übergabe, die Gabe. Später verhüllend im Sinne von «eine tödliche Substanz in den Körper geben».**
billig:	**mhd. billich = recht, angemessen; heute: nicht teuer (positiv gemeint); aber auch negativ: von schlechter Qualität**
geil:	**mhd. geil = kraftvoll, üppig, lustig; später abwertend im Sinne von «gierig nach Sex» oder nach Anerkennung (karrieregeil, mediengeil, sensationsgeil); heute oft als relativ neutrales Allerweltswort gebraucht. Das Wort kann so unterschiedliche Bedeutungen haben wie: spannend, interessant, speziell, einmalig, sehr gut, schön, frech, mutig, aufregend ...**

Übung 4

Eine spielerische, aber anspruchsvolle Übung. Erfinden Sie eine Geheimsprache, indem Sie zuerst völlig neue Buchstabenkombinationen erfinden und diesen anschliessend Inhalte zuordnen. Beispiel: «gebasot» heisst Mensch; «lawi» = denken usw.
Schreiben Sie nun mit den neuen Formen einfache Aussagesätze und lesen Sie diese den anderen vor. Diskutieren Sie anschliessend die Auswirkungen in Bezug auf die gegenseitige Kommunikation.
Individuelle Lösungen

Zusammensetzungen

Übung 1

Bilden Sie neue Begriffe, indem Sie die gegebenen Wörter mit anderen Elementen ergänzen, wobei das gegebene Wort jeweils 5-mal als Grundwort und 5-mal als Bestimmungswort vorkommt.

1.1 Arbeit   «Arbeit» als Grundwort: **Büroarbeit, Feinarbeit, Nachtarbeit, Gratisarbeit, Regiearbeit, Mehrarbeit ...**

«Arbeit» als Bestimmungswort: **Arbeitspflicht, Arbeitslohn, Arbeitsvertrag, Arbeitsstelle, Arbeitspensum ...**

1.2 Haus   «Haus» als Grundwort: **Hochhaus, Blockhaus, Gasthaus, Bauernhaus, Armenhaus ...**

«Haus» als Bestimmungswort: **Hausbau, Hausblock, Haustür, Hausdach, Hauszins ...**

Übung 2

Schreiben Sie das Wort als Ganzes und setzen Sie dabei die nötigen Fugenelemente ein. Achten Sie auf die Rechtschreibung.

Kind – freundlich: **kinderfreundlich**

Seite – verkehrt: **seitenverkehrt**

Rettung – Versuch: **Rettungsversuch**

Beruf – Schule: **Berufsschule**

Ausbildung – Programm: **Ausbildungsprogramm**

Tag – Licht: **Tageslicht**

Jahr – Zeit: **Jahreszeit**

Liebe – Kummer: **Liebeskummer**

Aktion – unfähig: **aktionsunfähig**

Vorschrift – gemäss: **vorschriftsgemäss**

Sicherheit – halber: **sicherheitshalber**

Freiheit – liebend: **freiheitsliebend**

Übung 3

Erfinden Sie selber sogenannte «Schlangen-Wörter» mit vier und mehr Bestandteilen. Achten Sie darauf, dass die Begriffe inhaltlich noch einen Sinn ergeben.

Individuelle Lösungen

Übung 4

Setzen Sie ein Wort ein, das in Verbindung mit dem ersten Teil als Grundwort und in Verbindung mit dem zweiten Teil als Bestimmungswort dient. Ab und zu braucht es Fugenelemente:

Erholung/**s** – Oase/**n** – Landschaft

4.1 Fuss – **Boden** – Heizung

4.2 Papier – **Stau** – Meldung

4.3 Fenster – **Glas/Flügel** – Tür

4.4 Staat/s – **Präsident/en** – Wahl

4.5 Hand – **Arbeit/s/Änderung/s** – Berechnung

4.6 Wald – **Beruf/s/Arbeit/s** – Erfahrung

4.7 Hilfe – **Leistung/s** – Auftrag

4.8 Sucht – **Beratung/s** – Station

4.9 Auto – **Motoren** – Lärm

4.10 Sport – **Unfall/s/Training/s** – Beratung

4.11 Abfall – **Entsorgung/s** – Gebühr

4.12 Bildung/s – **Auftrag/s** – Volumen

Übung 5

Auto ist die Abkürzung für *Automobil*, *Kilo* steht für Kilogramm und *Muki-Turnen* für Mutter-Kind-Turnen. Daneben gibt es in unserer Alltagssprache viele sogenannte Buchstabenwörter wie *Pkw* für *Personenkraftwagen*. Stellen Sie eine Liste von allgemein bekannten Abkürzungen und Buchstabenwörtern zusammen.

Beispiele   Abkürzungen: Akku (Akkumulator), Bus (Omnibus), Mofa (Motorfahrrad), Pop (popular music), Mini (Minirock), Velo (Veloziped), Bio-Gemüse (biologisch angebautes Gemüse) ...

Buchstabenwörter: PC (personal computer), IQ (Intelligenzquotient), AG (Aktiengesellschaft), ZGB (Zivilgesetzbuch), OR (Obligationenrecht), UFO (unidentified flying object) ...

Wortbedeutung und Stilschichten

Übung 1

Erzählen Sie einen Witz oder erfinden Sie selber einen, der mit Doppelbedeutungen von Ausdrücken spielt.

Beispiel: **Kellner zum Gast: «Na, wie finden Sie das Schnitzel?»**

                Gast zum Kellner: «Bis jetzt habe ich es noch nicht gefunden.»

Übung 2

Unterscheiden und beschreiben Sie bei folgenden zehn Wörtern die denotative und die konnotative Bedeutung.

Wort:	denotativ:	konnotativ:
Birne	**Frucht**	**Kopf**
Theater	**Bühnenstück**	**Verwirrung, Durcheinander**
Zwerg	**Märchenfigur, kleiner Mensch**	**unbedeutende Person**
Fuchs	**Tier**	**schlauer, listiger Mensch**
Hund	**Haustier**	**Beschimpfung («frecher Hund»)**
Bohnenstange	**Holzstange**	**sehr hagerer Mensch**
angeben	**Informationen angeben**	**bluffen, aufschneiden**
anmachen	**befestigen, einschalten**	**direkt ansprechen (mit sexuellen Absichten)**
schmieren	**einschmieren, einfetten**	**Ohrfeige geben, Geld schmieren**
ausräumen	**Raum ausräumen**	**Situation direkt und schnell klären**
klatschen	**applaudieren**	**negativ über andere reden**
spicken	**mit den Fingern wegspicken**	**abschreiben in einer Prüfung**

Übung 3

Ordnen Sie folgende Ausdrücke den fünf Stilschichten zu.

Zimmer (Standard), Raum (Fachsprache), Gemach (gehoben), Loch (Gassensprache), Bude (Umgangssprache), Spross (gehoben), Knabe (Standard), Gof (Gassensprache), Bub (Umgangssprache), männlicher Nachkomme (Amtssprache)

Bestimmen Sie nun selber ein Thema und suchen Sie dazu verschiedene Ausdrücke mit ähnlicher Bedeutung; es können auch Mundartwörter sein. Ordnen Sie die Wörter den fünf Stilschichten zu. **Individuelle Lösungen**

Übung 4   Individuelle Lösungen

Übung 5

Schreiben Sie den gegebenen Text in folgende zwei Fassungen um. – **Lösungsvorschläge:**

A) «Für dich würde ich die Gestirne vom Himmelszelt holen und die Ozeane überqueren, nur um dich innig in die Arme zu schliessen. Er, 35/185, absolut solider Beruf, sehr treu, zuverlässig und immer ehrlich, sucht natürliche, liebevolle Dame. Ich liebe die Bergwelt, das Meer, fremde Sprachen und die Kultur; hoffentlich bald auch dich! Bist du auch des Alleinseins überdrüssig? Träumst auch du von einer Familie mit eigenen Nachkommen? Dann solltest du nicht mehr länger warten und mir deine Botschaft übermitteln.»

B) «Für dich würde ich einen Stern vom Himmel klauen und das Meer überqueren, nur um dich an meinem Körper zu spüren. Er, 35/185, top Job, steht zu seinem Wort, immer zur Stelle, wenn er gebraucht wird, sucht ein lässiges Girl. Ich finde die Berge, das Meer, Fremdsprachen, Konzert-, Kino- und Theaterbesuche und hoffentlich auch bald dich toll. Hast du auch vom Alleinsein die Schnauze voll und träumst von einer eigenen Familie mit Kids? Also dann, nichts wie los! Schreib mir doch eine Message!»

Übung 6   Individuelle Lösungen

Wortfamilie und Wortfeld

Übung 1

Erstellen Sie von folgenden Begriffen eine möglichst umfassende Wortfamilie.

denken: **nachdenken, bedenken, Bedenken, bedenklich, Gedanke, denkbar** ...

reden: **bereden, zureden, ausreden, verabreden, Ausrede, Rede, redlich, redselig** ...

feiern: **feierlich, Feier, Feierlichkeit, Feierei** ...

kaufen: **verkaufen, zukaufen, abkaufen, Verkauf, Ausverkauf, verkäuflich** ...

Übung 2   Individuelle Lösungen

Übung 3

Welche Begriffe sind bedeutungsgleich oder bedeutungsähnlich? Unterstreichen Sie.

3.1   **Abmachung – Vereinbarung** – Bestätigung – **Übereinkunft**

3.2   **Vorortsgebiet** – Slums – Zürich – **Agglomeration**

3.3   **Gefängnis** – Einzelzelle – Erziehungsanstalt – **Knast**

3.4   Urteil – **Meinung – Ansicht** – Einstellung

3.5   **nachdenken – hirnen** – bedenken – studieren

3.6   **leiten – führen** – übernehmen – bestimmen

3.7   **kritisieren – beanstanden** – verurteilen – **tadeln**

3.8   **ängstlich – furchtsam** – zurückhaltend – nachdenklich

3.9   **modisch – up to date – zeitgemäss – trendy**

3.10   **anspruchslos** – günstig – **trivial** – bescheiden

Übung 4

Ersetzen Sie die farbigen Wörter durch genauere Ausdrücke. Sie können dabei auch die Satzstrukturen leicht verändern.

Anstandsregeln beim Verfassen von E-Mails: 1. Machen/**Geben** Sie immer in der Betreffzeile einen kurzen Hinweis auf den Inhalt. 2. **Beginnen Sie das Mail immer mit einer Anrede.** 3. Machen/**Schreiben** Sie nur kurze und klar verständliche Texte. 4. Machen/**Verfassen** Sie keine Mails, wenn Sie verärgert oder wütend sind. 5. Verzichten Sie auf umfangreiche Attachments (grösser als 100 KB); Sie **verlängern** die Abrufzeit nur unnötig. 6. Kürzen Sie bei Antwortmails den ursprünglichen Text; lassen Sie nur jene Zeilen stehen, auf die **Sie sich beziehen**. 7. Verbreiten Sie keine Massenwerbung (Spams); es kostet den Empfänger nur Zeit und Geld und macht/**bereitet** ihm Ärger. 8. Tun/**Werfen/Verschieben** Sie Ketten-E-Mails sofort in den Papierkorb. (Aus: K-Tipp Nr. 14 vom 5. September 2001; Text leicht abgeändert und gekürzt.)

Übung 5

Hier wurde manipuliert. 10 Wörter passen nicht. Versuchen Sie, den Originaltext wiederherzustellen.

Das Wetter heute: Nach einer meistens/**meist** klaren, aber nicht mehr ganz so kühlen Nacht begegnet/**erwartet** uns auch heute schönes und trockenes Wetter – auch wenn vor allem in der vorderen/**ersten** Tageshälfte zeitweise hohe Schleierwolken fortziehen/**vorbeiziehen**. Mit bis zu 27 Grad im Tiefland/**Flachland** und der Nullgradgrenze auf über 4000 Metern ist es wieder hochsommerlich. Der Wind ist kein Thema und die Sicht in den Bergen ist dank tiefer Luftbefeuchtung/**Luftfeuchtigkeit** sensationell. Die Absichten/**Aussichten**: Dienstag und Mittwoch sind ebenfalls sonnig, die Temperaturen steigen weiter an auf 28 bis 32 Grad. Am Mittwochnachmittag zeigen sich über den Bergen grössere Quellenwolken/**Quellwolken**, vereinzelt gibt es isolierte Abendgewitter. Der Donnerstag beginnt schön, am Mittag bilden sich Wolken, die am Nachmittag in den Bergen, abends vermutlich auch im Flachland zu Gewittern überleiten/**führen** können. Der Freitag ist bewölkt, zeitweise fällt Regen, die Temperaturen fallen/**gehen** leicht zurück.

Oberbegriffe/Unterbegriffe

Übung 1

Wie heisst der Oberbegriff?

1.1	a/f/m/p/u/s/z	**Buchstaben**
1.2	a/e/i/o/u	**Vokale**
1.3	m/p/f/g/v/w	**Konsonanten**
1.4	ver-, be-, zer-, ent-	**Vorsilben**
1.5	**Kaffee, Tee, Wasser, Wein, Bier**	**Getränke**
1.6	**Stuhl, Bett, Schrank, Tisch**	**Möbelstücke**
1.7	**Socken, Hosen, Jacke, Mantel, Rock**	**Kleidungsstücke**
1.8	**Diskuswerfen, Speerwerfen, Kugelstossen**	**Wurfdisziplinen in der Leichtathletik**
1.9	**Romanik, Gotik, Barock, Klassizismus**	**Baustile**
1.10	**Fresko, Öl, Aquarell, Pastell, Acryl**	**Maltechniken**

Übung 2

Nennen Sie mindestens 3 Unterbegriffe.

2.1	**Bäume**	**Buche, Esche, Ahorn, Fichte …**
2.2	**Gebäude**	**Wohnhaus, Schulhaus, Garage, Lagerhalle …**
2.3	**Medizinische Berufe**	**Krankenschwester, Physiotherapeut, Ärztin …**
2.4	**Schweizer Flüsse**	**Rhein, Rhone, Aare, Reuss …**
2.5	**Menschliche Organe**	**Lunge, Herz, Leber, Niere …**
2.6	**Insekten**	**Käfer, Schmetterlinge, Bienen, Ameisen …**
2.7	**Mannschaftssportarten**	**Fussball, Eishockey, Volleyball, Wasserball …**
2.8	**Geschichtliche Zeitepochen**	**Altertum, Antike, Mittelalter, Neuzeit …**
2.9	**Italienische Städte**	**Mailand, Venedig, Rom, Neapel …**
2.10	**Musikalische Stilrichtungen**	**Klassik, Pop, Rock, Volksmusik …**

Übung 3

Ordnen Sie folgende Begriffe analog dem Themenfeld «Orchester-Instrumente» (Seite 18). Erstellen Sie danach eine Gliederung mit dem Dezimalklassifikations-System.

Tanztheater, Tragödie, Operette, Pantomime, Klassisches Ballett, Oper, Musical, Bühnenformen, andere Formen, Komödie, Kabarett, Sprechtheater, Multimedia-Performance, Modernes Bewegungstheater, Musical, Musiktheater, Schwank

Bühnenformen

1. **Sprechtheater**	2. **Musiktheater**	3. **Tanztheater**	4. **Andere Formen**
1.1 Tragödie	2.1 Oper	3.1 Klassisches Ballett	4.1 Kabarett
1.2 Komödie	2.2 Operette	3.2 Modernes Bewegungstheater	4.2 Pantomime
1.3 Schwank	2.3 Musical	3.3 Musical	4.3 Multimedia-Performance

Übung 4

Sammeln Sie so viele Begriffe wie möglich aus einem Bereich Ihrer beruflichen Tätigkeit oder Ihrer Freizeitbeschäftigung. Gliedern Sie anschliessend die Wörter
> zuerst grob nach Oberbegriff/Unterbegriff
> danach etwas differenzierter nach dem Dezimalklassifikations-System.
Individuelle Lösungen

Fremdwörter und Fachwörter 1

Übung 1

Untersuchen und vergleichen Sie den Anteil von englischen Ausdrücken in Zeitschriften aus den Bereichen Mode, Musik, Film, Sport, Computer, Jugend u. a.
Individuelle Lösungen

Übung 2

Schlagen Sie im Wörterbuch (wenn möglich in einem Herkunftswörterbuch) die Herkunft von folgenden zwölf Wörtern nach.

Autismus: gr. autos = selbst, Ichbezogenheit

Bagatelle: frz. = kleine, unbedeutende Sache

Chlor: gr. chloros = gelblichgrün, Gas

Kebab: türk. Siskebabi = Hammelfleisch-Spiess

Echo: lat. echo = Schall, Widerhall

Galan: span. galán = schön gekleideter Mann

Hot Dog: engl. amerik. = heisser Hund

Konto: ital. conto = Rechnung

Lapsus: lat. lapsus = Fehler

immens: lat. immensus = unermesslich

mega: griech. mégas = gross

en vogue: frz. zu vogue = Mode

Übung 3

Welche Fremdwörter wurden hier sinngemäss übersetzt?

Augenblick: Moment

Anschrift: Adresse

Mundart: Dialekt

allgemein: generell

Prüfung: Test

Grundstein: Fundament

Fahrkarte: Billett

Blechbehälter: Container

Direktübertragung: Livesendung

Eckstoss: Corner

Verschönerungsstudio: Beauty-Studio

Geschwindigkeitsbegrenzung: Tempolimite

Übung 4

Ersetzen Sie die farbigen Fremdwörter durch passende deutsche Ausdrücke.

4.1 Mit dem Anschlag vom 11. September ist eine **Idylle** zerstört, die Welt in ihren **Fundamenten** erschüttert worden. **heile Welt/Grundfesten**

4.2 Keine Frage: Der **martialische** Akt gegen die Vereinigten Staaten markiert eine historische **Zäsur**, deren **Konsequenzen** noch nicht wirklich abzuschätzen sind. **kriegerische/Einschnitt/Folgen**

4.3 Der **diabolische** Terroranschlag auf das World Trade Center stellt einen **liberalen** Rechtsstaat vor **enorme** Herausforderungen. **teuflische/freiheitlichen/sehr grosse**

4.4 Wichtig ist nun die Frage der **Prävention**: Wie kann sich ein Staat vor solchen **Attacken** schützen, ohne das **daily life** der eigenen Bürger allzu stark einzuengen? **Vorbeugung/Angriffen/Alltagsleben**

4.5 Nach dem Anschlag kann man einen **paradoxen Effekt** beobachten: Die internationalen Beziehungen sind gleichzeitig enger und **fragiler** geworden. **(eine) widersinnige Auswirkung, Folge/zerbrechlicher**

(Aus: «Die Weltwoche» vom 13. September 2001, Text leicht abgeändert.)

Nicht vergessen: Individuelle Wörterliste nachführen!

Fremdwörter und Fachwörter 2

Übung 1

Suchen Sie im Wörterbuch (wenn möglich in einem Fremdwörterbuch) je ein Fremdwort mit folgenden Bestandteilen. Notieren Sie die Herkunft und merken Sie sich die Bedeutung.
Individuelle Lösungen

Übung 2

Hier wurden einige Fremdwörter verwechselt. Korrigieren Sie.

2.1   Das Kind wurde nach zwei Jahren von einem Schweizer Ehepaar adaptiert. **adoptiert**
2.2   Umweltschutz ist auch eine ethnische Frage. **ethische**
2.3   Manche Leute versinken zur Entspannung in eine tiefe Mediation. **Meditation**
2.4   Am Sonntag fand in der Stadtkirche ein ökonomischer Gottesdienst statt. **ökumenischer**
2.5   Bei jeder Stellenbewerbung sollte man Reverenzen angeben. **Referenzen**
2.6   Für die Prüfung habe ich von einer Kollegin einen guten Typ bekommen. **Tipp**
2.7   Der Unfallhergang wurde von der Polizei chronisch rekonstruiert. **chronologisch**

Übung 3

Was bedeuten folgende Fremdwörter?

Hypothese	Linie beim Dreieck	Geldschulden	**Annahme**
Ironie	Wut	**feiner Spott**	Karikatur
Autonomie	**Eigenständigkeit**	Fahrzeugliste	Eigenname
Recherche	Verhaftung	**Nachforschungen**	Versuch
Kontingent	Erdteil	Zurückhaltung	**zugeteilte Menge**
Orakel	**Voraussage**	kleines Boot	Greifarm
Homöopathie	Geisterbeschwörung	**Heilverfahren**	sexuelle Neigung
Assoziation	Filiale	**Gedankenverbindung**	Gruppendruck
Amnestie	Gedächtnisschwund	**Straferlass**	Würgegriff
Lappalie	**Kleinigkeit**	Dummheit	Reinigungsmittel

Übung 4

Wie heissen die Mehrzahlformen von folgenden Fremdwörtern?

Rhythmus	**die Rhythmen**	Globus	**die Globusse, die Globen**
Album	**die Alben**	Diskus	**die Diskusse/auch: Disken**
Villa	**die Villen**	Radius	**die Radien**
Charakter	**die Charaktere**	Virus	**die Viren**
Maximum	**die Maxima**	Zyklus	**die Zyklen**
Kaktus	**die Kakteen**	Bonus	**die Bonusse, die Boni**
Atlas	**die Atlasse, die Atlanten**	Jubilar	**die Jubilare**
Pizza	**die Pizzas, die Pizzen**	Tenor	**die Tenöre**
Mineral	**die Mineralien**	Monitor	**die Monitore, die Monitoren**
Museum	**die Museen**	Doktor	**die Doktoren**
Individuum	**die Individuen**	Pony	**die Ponys**
Spektrum	**die Spektren**	Teeny	**die Teenys**

Nicht vergessen: Individuelle Wörterliste nachführen!

Übersicht

Übung 1

Bestimmen Sie die Wortarten aufgrund der Einteilung Seite 24.

Wir	**Pronomen**	Ast.	**Nomen**
sassen	**Verb**	Ich	**Pronomen**
hoch	**Adjektiv**	beobachtete	**Verb**
über	**Partikel**	das	**Pronomen**
dem	**Pronomen**	Nachbarhaus	**Nomen**
Boden	**Nomen**	und	**Partikel**
auf	**Partikel**	sie	**Pronomen**
einem	**Pronomen**	den	**Pronomen**
dicken	**Adjektiv**	Waldrand.	**Nomen**

Übung 2

Tragen Sie die einzelnen Wörter in die richtigen Spalten ein.

DER NACKTEN WADE EINES JUNGEN BERNERS KONNTE EIN ALTER FUCHS NICHT WIDERSTEHEN. ALS DER 22-JÄHRIGE MANN SICH BÜCKTE, UM EINIGE BEEREN ZU PFLÜCKEN, SCHLICH SICH MEISTER REINEKE LEISE AN UND SCHNAPPTE BLITZSCHNELL ZU.

Verb	Nomen	Adjektiv	Pronomen	Partikel
konnte	Wade	nackten	der	nicht
widerstehen	Berners	jungen	eines	als
bückte	Fuchs	alter	ein	um
pflücken	Mann	22-jährige	der	zu
schlich/an	Beeren	leise	sich	und
schnappte/zu	Meister	blitzschnell	einige	
	Reineke		sich	

Übung 3

Schreiben Sie zu jeder Wortart fünf eigene Beispiele.
Individuelle Lösungen

Geschlecht

Übung 1

Leiten Sie je ein Nomen ab. (Beispiel: vorsichtig – die Vorsicht)

gestehen	**das Geständnis**		wachsen	**das Wachstum/das Gewächs**
bereit	**die Bereitschaft**		brutal	**die Brutalität**
denken	**der Gedanke**		mutig	**der Mut**

Übung 2

Konkret oder abstrakt? Bezeichnen Sie die Nomen mit K oder A.

Idee **A**	Strauch **K**	Wind **K**	Konzept **A**
Minute **A**	Zufriedenheit **A**	Preis **A**	Wellen **K**

Übung 3

3.1 Wie lautet der Artikel?

das Spital	**das** Thermometer	**der** Bleistift	**das** Dessert
der Käfig	**die** Butter	**die** Eckbank	**der** Reis (Getreide)
			das Reis (dünner Zweig)

3.2 Welche Wörter haben zwei verschiedene Artikel?

Kartoffel **die**	Radar **der/das**	Sellerie **der/die**	Mail **die/das**
Sims **der/das**	Ferse **die**	Time-out **das**	Joghurt **der/das**

3.3 Setzen Sie die verschiedenen Artikel und zeigen Sie mit einem Synonym oder Beispiel die unterschiedliche Bedeutung auf.

der Mast	**Fahnenmast**	**die** Mast	**Tiere mästen**
das Schild	**Verkehrsschild**	**der** Schild	**Schutzschild**
die Weise	**Art und Weise**	**der/die** Weise	**weiser Mensch**
die Heide	**Heidelandschaft**	**der** Heide	**ungläubiger Mensch**
der Kunde	**Kunde eines Geschäfts**	**die** Kunde	**Neuigkeit**, **Botschaft**

Übung 4

Setzen Sie in den Diminutiv. **(Formen mit -lein sind möglich, wirken aber oftmals veraltet.)**

das Haus	**Häuschen/Häuslein**	der Beutel	**Beutelchen/Beutelein**
der Ochse	**Öchslein/selten: Öchschen**	die Feder	**Federchen/Federlein**
das Paar	**Pärchen/selten: Pärlein**	der Eimer	**Eimerchen/Eimerlein**
die Nase	**Näschen/Näslein**	der Fuchs	**Füchschen/Füchslein**
das Boot	**Bötchen/Bötlein**	der Baum	**Bäumchen/Bäumlein**

Übung 5

Wie lautet der männliche bzw. der weibliche Begriff?

der Arzt	die **Ärztin**
der Chauffeur	die **Chauffeuse**
die Nonne	der **Mönch**
die Serviertochter	der **Kellner**
die Nichte	der **Neffe**
die Krankenschwester	der **Krankenpfleger**

Einzahl/Mehrzahl

Übung 1

1.1   Wie lautet die Singularform?

Kriterien > **Kriterium**

Paparazzi > **Paparazzo**

Ferien > **Ferienwoche/-tag/-zeit**

Stadien > **Stadium/Stadion**

Mechanismen > **Mechanismus**

Antibiotika > **Antibiotikum**

Masern > **(kein Singular)**

Ministerien > **Ministerium**

Bergleute > **Bergmann**

1.2   Schreiben Sie den Plural.

Kuchen > **Kuchen**

Tochter > **Töchter**

Hemd > **Hemden**

Heft > **Hefte**

Koffer > **Koffer**

Saal > **Säle**

Strauch > **Sträucher**

Wagen > **Wagen**

Löffel > **Löffel**

1.3   Schreiben Sie alle möglichen Pluralformen.

Komma > **Kommas, Kommata**

Traktor > **Traktoren**

Allee > **Alleen**

Park > **Parks, Pärke**

Hobby > **Hobbys**

Espresso > **Espressos, Espressi**

Bibliothekar > **Bibliothekare**

General > **Generäle, Generale**

Senior > **Senioren**

1.4   Wie drückt man diese Nomen im Plural aus?

Obst > **Obstsorten**

Verhalten > **Verhaltensweisen**

Gepäck > **Gepäckstücke**

Lob > **Lobesworte/-reden**

Regen > **Regenschauer/-fälle**

Zank > **Zankereien**

Übung 2

Schlagen Sie im Wörterbuch nach, wie viele verschiedene Pluralformen es vom Wort «Band» gibt. Beachten Sie die unterschiedlichen Bedeutungen. Es gibt vier verschiedene Pluralformen:

1. Bänder (z.B. Haarband, Fliessband …)

2. Bande (Verbindung zwischen Menschen)

3. Bände (z.B. die Bände eines Romans)

4. Bands (Personen, die zusammen musizieren)

Übung 3

Setzen Sie, je nach Bedeutung des Wortes, die Pluralform ein.

Strauss   In Afrika sah ich Elefanten, Geparde und **Strausse**.

Er hat seiner Frau schon viele bunte **Sträusse** geschenkt.

Rat   Das sind die Sitze der sieben **Räte**.

Meine kluge Schwester hat mir schon oft gute **Ratschläge** erteilt.

Mutter   Für diese Konstruktion braucht man Schrauben und **Muttern**.

Alle **Mütter** kamen zum Informationsabend.

Otter   In Kanada konnten sie **Otter** beobachten, die fröhlich im Wasser spielten.

Die **Ottern** zählen zu den Giftschlangen.

Bauer   Auch goldene **Bauer** sind Käfige. Die **Bauern** begannen dieses Jahr zeitig mit der Ernte.

Übung 4

Hier haben sich ein paar Fehler eingeschlichen. Korrigieren Sie.

4.1   Die Demonstranten schützten sich mit **Schutzschilden** vor den Gummigeschossen.

4.2   Die **Visa/Visen** müssen mindestens drei Monate vor Antritt der Reise beantragt werden.

4.3   Fachzeitschriften geben wichtige Artikel oft auch als Sonderdrucke heraus. **(korrekt)**

4.4   Die Eingeladenen zeigten keine **Skrupel** und assen das ganze Buffet leer.

4.5   In diesem italienischen Restaurant bekommt man nicht nur **Pizzas/Pizzen** und **Spaghetti**.

4.6   Glücklicherweise habe ich das **Antibiotikum** gut vertragen können.

Fälle 1

Übung 1

Bestimmen Sie die Fälle der farbigen Ausdrücke.
Romantikerinnen (N) schwärmen von **der reinen Schönheit (D) der Augen (G)** und nennen sie poetisch
«die Fenster (A) zur Seele» (D). Auch nüchterner betrachtet sind **die Augen (N) ein Meisterstück (N)
der Natur (G)**. Rund **achtzig Prozent (A) aller Informationen (G)** nehmen wir durch sie auf. Durch **das
Zusammenspiel (A) von Hornhaut, Iris und Linse (D)** erhalten wir **ein detailreiches Abbild (A) unserer
Umwelt (G)**. Gleichzeitig sind **die Augen (N) das Sinnesorgan (N)**, das wir am leichtesten ein- und aus-
schalten können.

Übung 2

Wählen Sie jeweils zwei bis drei Nomen und dazu ein Verb. Bilden Sie damit Sätze. Bestimmen Sie anschlie-
ssend die Fälle der Nomen. Beispiel: Der Präsident (N) stimmte einem neuen Gesetz (D) zu.
Nomen: Zukunft, Mensch, Belohnung, Präsident, Lied, Bruder, Baum, Volk, Freude, Lehrerin, Gesetz
Verben: überraschen, zustimmen, gedenken, geben, versprechen, gehören, singen, lieben, sehen
Individuelle Lösungen
Beispiel: Die Freude (N) über **die Belohnung (A)** überraschte uns.

Übung 3

Verbessern Sie die falschen Deklinationsformen.
3.1   Wenn die Luftverschmutzung weiter fortschreitet, droht Europas **Wäldern** das Ende.
3.2   Die nächsten beiden **Wochenenden** werden wir im Tessin verbringen.
3.3   Das Orchester hat zurzeit keinen geeigneten **Dirigenten**.
3.4   Meiers Jüngster möchte ein berühmter Künstler werden. **(korrekt)**
3.5   Viele Hunde sind des Hasen Tod. **(korrekt)**
3.6   Dies hilft nicht nur dem Tier, sondern auch dem **Menschen**.
3.7   Dem **Produzenten** ist es wichtig, wer in seinem Film mitspielt.
3.8   Seine Utensilien waren in sieben **Koffern** verpackt.
3.9   Sie lebten noch lange in Frieden und freuten sich ihres Lebens. **(korrekt)**
3.10   Er hat seinem langjährigen **Assistenten** gekündigt.
3.11   Störe nie den Schlaf eines **Bären**!
3.12   Am dunklen Himmel sahen die Menschen den Schweif eines **Meteoriten**.
3.13   Man legt die Gabeln links und die Messer rechts von den **Tellern** hin.
3.14   Als **neuem Präsidenten** stand es ihm zu, die Gäste zu begrüssen.
3.15   Das Geheimnis dieses **Holzkastens** ist, dass er einen doppelten Boden hat.
3.16   Wegen des schlechten Wetters mussten wir das Ausflugsziel ändern. **(korrekt)**

Fälle 2

Übung 1

Setzen Sie den Artikel in den richtigen Fall und ergänzen Sie, wenn nötig, die Endung des Nomens.

1.1 Herr Huber will **Herrn Weber** eine Nachricht schicken.

1.2 Die Sängerin feiert zusammen mit **dem Publikum** ihren Erfolg.

1.3 Benützen Sie zum Aufhängen Nägel und **einen Hammer.**

1.4 Ich verfolgte die Technik **des Fussballspielers/der Fussballspieler** mit Spannung.

1.5 Sie möchte einmal **den König** von Spanien sprechen.

1.6 Mein Onkel mag immer noch die Stimme **Bob Dylans.**

1.7 Du wünschst dir zu Weihnachten immer nur **einen Tannenbaum.**

1.8 Dieser Hund gehört **einem Nachbarn/einer Nachbarin.**

1.9 Das Design **der Tasche/der Taschen** entspricht der neusten Mode.

1.10 Soeben sind die Eltern **der Kinder** nach Hause gekommen.

1.11 Ich besitze ein Buch **Dürrenmatts** mit der Unterschrift **des Autors.**

1.12 Können Sie mir **einen** guten **Tipp** geben?

1.13 Das Bummeln in **Madrids** schönen. **Vierteln** machte mir Spass.

1.14 Es gibt nichts Treueres als **einen Hund.**

1.15 Im Gewühl **des Bahnhofs/des Bahnhofes** suchte ich nach **einem Billettautomaten.**

1.16 Die Dürre **des Grand Canyon** beeindruckte die Reisenden.

1.17 Kennst du **einen** wohltätigeren **Menschen** als Mutter Teresa?

1.18 Das ist **Fritz'** Angelrute. Er besitzt sie schon seit **einem Jahrzehnt.**

Übung 2

Bestimmen Sie die farbig gedruckten Nomen nach Geschlecht, Zahl und Fall.

Lange konnte der **Ahorn** (1) nicht mehr halten. Thur spürte den heissen **Geruch** (2) der Hüttenwand im **Nacken** (3). Wenn er den Hinterkopf ein wenig an der **Wand** (4) rieb, an der Wand der **Hütte** (5), die sein Onkel mit den Mineuren gebaut hatte, früher, als es hier oben noch **Mineure** (6) gab, rieselten **Lehmkrusten** (7) in sein Hemd und über den blossen **Rücken** (8) hinunter. Er sass darum still da, die **Knie** (9) hochgezogen, den Kopf hinten angelegt, und durch die halbgeschlossenen **Augen** (10) konnte er sehen, wie an der Gruben-wand auf der gegenüberliegenden **Seite** (11) der Schein der **Sonne** (12) hochkroch. Lange nicht.

(Otto F. Walter: Ein Unglücksfall)

		Geschlecht	**Zahl**	**Fall**
1.	Ahorn	**männlich**	**Singular**	**Nominativ**
2.	Geruch	**männlich**	**Singular**	**Akkusativ**
3.	Nacken	**männlich**	**Singular**	**Dativ**
4.	Wand	**weiblich**	**Singular**	**Dativ**
5.	Hütte	**weiblich**	**Singular**	**Genitiv**
6.	Mineure	**männlich**	**Plural**	**Akkusativ**
7.	Lehmkrusten	**weiblich**	**Plural**	**Nominativ**
8.	Rücken	**männlich**	**Singular**	**Akkusativ**
9.	Knie	**sächlich**	**Plural**	**Akkusativ**
10.	Augen	**sächlich**	**Plural**	**Akkusativ**
11.	Seite	**weiblich**	**Singular**	**Dativ**
12.	Sonne	**weiblich**	**Singular**	**Genitiv**

Deklination, Bildung

Übung 1

Ergänzen Sie die Adjektive mit den richtigen Fallendungen.

1.1   Freundlich**er**, bärtig**er** Mann (48) mit geregelt**em** Einkommen sucht fröhlich**e** Sie für glücklich**e** Zukunft.

1.2   Möchte die lang**en**, dunkl**en** Winterabende nicht mehr ohne Gesellschaft einer lieb**en** Frau verbringen.

1.3   Liebst du gemütlich**e** Stunden vor dem warm**en** Kaminfeuer, anregend**e** Diskussionen und gut**en** Wein?

1.4   Habe ein bescheiden**es** Häuschen mit pflegeleicht**em** Garten im verkehrsgünstig gelegen**en** Zollikofen.

1.5   Kinder aus einer früher**en** Beziehung oder klein**er** Hund bilden kein Hindernis.

1.6   Hoffe auf Antwort mit kurz**em** Brief, aktuell**em** Foto und möglich**en** Daten für gegenseitig**es** Kennen-lernen.

Übung 2

Bilden Sie aus den Nomen passende Adjektive. Beispiel: Rand – eine randlose Brille

Gesetz: ein **gesetzestreuer** Bürger

Kunde: ein **kundenfreundliches/kundenorientiertes** Geschäftsverhalten

Konkurrenz: ein **konkurrenzfähiges/konkurrenzloses** Angebot

Handel: **handelsübliche** Preise

Baum: ein **baumlanger** Kerl, ein **baumhoher** Fahnenmast

Haar: eine **haarsträubende/haarige** Geschichte

Übung 3

Erklären Sie den Unterschied jeweils mit einem kurzen Satz.

schädlich – **etwas kann Schaden zufügen**/schadhaft – **etwas hat einen Schaden**

zweiwöchig – **zwei Wochen andauernd**/zweiwöchentlich – **alle zwei Wochen, jede zweite Woche**

kindlich – **der Entwicklung eines Kindes entsprechend**/kindisch – **wie ein Kind, aber lächerlich**

geschäftlich – **mit dem Geschäft zu tun haben**/geschäftig – **eifrig, emsig**

Übung 4

Verstärken Sie. Beispiel: schwer > bleischwer

stockdunkel, **kugel**rund, **toten-/kreide-/käse**bleich, **kinder-/feder**leicht, **schnur-/pfeil-/kerzen**ge-rade, **wild**fremd, bitter**ernst/-kalt/-böse**, grund**solide/-ehrlich/-falsch**, stink**reich/-frech/-normal/ -langweilig/-sauer**, kreuz**falsch/-dumm**, stock**dumm/-sauer**, tod**ernst/-krank/-langweilig**

Übung 5

Erstellen Sie eine Liste von Adjektiven, in denen Tiere vorkommen. Beispiel: pudelwohl

Beispiele: aalglatt, bärenstark, hundeelend, hundemüde, lammfromm, mausarm, mäuschenstill, mausetot, rabenschwarz, wieselflink, wolfshungrig ...

Übung 6

Wie heissen die Gegenteile (Antonyme)? Die Vorsilbe un- darf nicht gebraucht werden!

ein scharfes/**stumpfes** Messer, frisches/**abgestandenes** Wasser, ein warmer/**leichter** Pullover, giftige/**ess-bare** Pilze, ein scheues/**vorlautes, freches** Kind, helles/**trübes, gedämpftes, mattes, fahles** Licht, eine glatte/**raue** Oberfläche, ein mutiger/**ängstlicher, feiger** Junge, ein höflicher/**dreister, frecher** Kunde, ein grober/**bedeutungsloser, kleiner, geringer** Fehler

Steigerung

Übung 1

Ergänzen Sie die fehlenden Formen.

Positiv	Komparativ	Superlativ
viel	**mehr**	die meisten …
nahe	näher	**die nächsten …**
blau	**blauer**	**die blausten …**
dunkel	dunkler	**die dunkelsten …**
warm	**wärmer**	die wärmsten…

Übung 2

Setzen Sie, wo möglich, die Komparativform.

ein	(scharf)	**schärferes** Gewürz
ein	(bequem)	**bequemerer** Stuhl
eine	(wahr)	**wahre** Geschichte (keine Steigerung möglich)
ein	(schlau)	**schlauerer** Trick
ein	(tapfer)	**tapfererer** Junge
	(trocken)	**trockeneres** Wetter

Übung 3

Setzen Sie, wo möglich, die Superlativform.

die	(verblüffend)	**verblüffendste** Leistung
der	(grob)	**gröbste** Stoff
die	(schnell möglich)	**schnellstmögliche** Entscheidung
die	(gemeinsam)	**gemeinsame** Mahlzeit (Superlativ nicht möglich)
das	(vielverkauft)	**meistverkaufte/am meisten verkaufte** Buch
das	(gegenseitig)	**gegenseitige** Verständnis (Superlativ nicht möglich)

Übung 4

Bilden Sie Sätze mit den unten stehenden Informationen aus dem «Lexikon der Superlative».
Beispiel: Eber Big Boy: 863,6 kg. > Das fetteste Schwein der Welt ist der Eber Big Boy.

4.1 Kürbis in Ontario/Kanada: 408 kg. **Der schwerste Kürbis der Welt wiegt 408 kg.**

4.2 Assalsee in Ostafrika: 35 % Salzgehalt. **Der Assalsee in Ostafrika hat den höchsten Salzgehalt der Welt.**

4.3 Chinesische Mauer: 2500 km. **Die Chinesische Mauer ist mit 2500 km die längste Mauer der Welt.**

4.4 Leuchtturm in der Bretagne/Frankreich: Leuchtkraft 500 Mio. Kerzen. **Ein Leuchtturm in der Bretagne hat die stärkste Leuchtkraft der Welt.**

4.5 Gemälde «Portrait Dr. Gachet» von Vincent van Gogh: 75 Mio. US-Dollar. **Das teuerste Gemälde der Welt kostet 75 Mio. US–Dollar.**

4.6 Brille in Bochum/Deutschland: 13,4 mm lang, 5,7 mm hoch. **Die kleinste Brille der Welt wurde in Bochum hergestellt.**

Übung 5

Wie lauten die fehlenden Adjektive in den Redewendungen?

Die **dümmsten** Bauern haben die **grössten** Kartoffeln.

Das ist ein **gefundenes** Fressen.

Den Gürtel **enger** schnallen

Wie ein Blitz aus **heiterem** Himmel

Am **längeren** Hebel sitzen

Mit **heiler** Haut davonkommen

Eine **ruhige** Kugel schieben

Die Ratten verlassen das **sinkende** Schiff.

Pronomen

Übung 1

Setzen Sie die fehlenden Pronomen ein.

1.1 Dieses Buch ist das spannendste, **das/welches** ich je gelesen habe.

1.2 Sie klauten alles, **wessen/dessen** sie habhaft werden konnten.

1.3 Das ist eine Gefahr, **der welcher** man sich nicht aussetzen sollte.

1.4 Der Fahrer, wegen **dessen** unsicherer Fahrweise der Unfall geschah, hielt an.

1.5 Das Unterhaltendste, **was** ich am Wochenende geniesse, ist ein Krimi.

1.6 Das Angebot hielt eindeutig nicht, **was** es versprach.

1.7 Es wird eine Untersuchung geben, **deren** Dauer noch nicht abzuschätzen ist.

1.8 Die Arbeit stellt Ansprüche, **denen/welchen** nicht alle gewachsen sind.

Übung 2

Setzen Sie die Pronomen im richtigen Fall ein.

2.1 (ihr) Habt **ihr euch** verirrt?

2.2 (sie, 3. Pers. Pl.) Wir versichern **Ihnen**, dass **Sie sich** bei uns wohlfühlen werden.

2.3 (wir) Wer wird sich **unser** annehmen, wenn **wir** eingetroffen sind?

2.4 (du) Warum schämst **du dich deiner** Eltern?

2.5 (sie, 3. Pers. Sg.) Bitte nehmen Sie sich **ihrer** an und erklären Sie **ihr**, was **sie** zu tun hat.

Übung 3

Unterstreichen Sie in den Sätzen alle Pronomen. Bestimmen Sie diese und tragen Sie sie in die Liste ein. In Klammern finden Sie die Nummer des Satzes.

Satz 1: **Man** nahm **sich ihrer** Anliegen an und erklärte **ihnen manches**, **was ihnen** vorher nicht eingeleuchtet hatte.

Satz 2: **Die** Tabelle erlaubt **es euch**, **die** Massnahmen und **deren/ihre** Auswirkungen auf **einen** Blick zu erfassen.

Satz 3: **Das** ist **ein** Auto, **das/welches sich** gut an **diejenigen** verkaufen lässt, **welche/die ihre** Ansprüche an Sicherheit stellen, denn **es** ist nach modernsten Erkenntnissen von **uns** gebaut worden.

Personalpronomen	**ihnen** (1), **ihnen** (1), **es** (2), **euch** (2), **es** (3), **uns** (3)
Possessivpronomen	**ihrer** (1), **deren/ihre** (2), **ihre** (3)
Demonstrativpronomen	**das** (3), **diejenigen** (3)
Reflexivpronomen	**sich** (1), **sich** (3)
Relativpronomen	**was** (1), **das/welches** (3), **welche/die** (3)
Indefinitpronomen	**man** (1), **manches** (1)
Artikel, bestimmt	**die** (2), **die** (2)
Artikel, unbestimmt	**einen** (2), **ein** (3)

21

Präposition und Konjunktion

Übung 1

Unterscheiden Sie zwischen Präpositionen (P) und Konjunktionen (K).
1.1   **Bei (P)** einem Kaffee plauderten wir **über (P)** alles Mögliche.
1.2   **Falls (K)** der Zug Verspätung hat, warte ich **im (P)** Restaurant.
1.3   Der Chef ist den Angestellten **gegenüber (P)** korrekt, **doch (K)** er kann **wegen (P)** kleinen Fehlern auch wütend werden.
1.4   Der Angeklagte wurde **mangels (P)** Beweisen freigesprochen.
1.5   **Bis (K)** er endlich die Rede beendete, war ich **vor (P)** Langeweile eingeschlafen.
1.6   Er besitzt **weder (K)** einen Fernseher **noch (K)** ein Radio.
1.7   **Nachdem (K)** wir **im (P)** Hotel angekommen waren, gingen wir sofort **zu (P)** Bett.

Übung 2

Ergänzen Sie Wörter und, wo nötig, Endungen.
2.1   Ihr Interesse **an** unser**em/en** Produkt -/**en**
2.2   Ihre Vorliebe **für** neu**e** Kleider
2.3   Die Genugtuung **über** den Sieg
2.4   gleichgültig **gegenüber** Kritik
2.5   erschrocken **über** diese Nachricht
2.6   interessiert **an** dies**em** Geschäft
2.7   Du musst dich **ins/in das** Unvermeidliche fügen.
2.8   Das veranlasst uns **zu** ein**er** genau**en** Prüfung.
2.9   Ich habe kein Vertrauen mehr **in** ein**en** solch**en** Apparat.

Übung 3

Ergänzen Sie die Sätze mit je einer passenden Präposition.
Schlagen Sie, wenn nötig, den Fall im Wörterbuch nach.
angesichts/anhand/entgegen/entsprechend/halber/inmitten/kraft/mangels/ungeachtet/zugunsten
3.1   **Angesichts** des Defizits hat der Bundesrat Sparmassnahmen beschlossen.
3.2   **Ungeachtet** des Defizits will der Nationalrat die Ausgaben erhöhen.
3.3   **Mangels** Taschengeld kann ich mir die Stiefel nicht kaufen.
3.4   Der Einfachheit **halber** schicke ich das Bestellformular gleich mit.
3.5   **Entgegen** seiner Zusage kann er nun doch nicht pünktlich liefern.

Übung 4

In jedem Satz steckt ein Fehler. Verbessern Sie.
4.1   **Da** Ihr Auto im Parkverbot steht, erhalten Sie eine Busse.
4.2   Wir müssen ruhig sein, **damit** die anderen nicht erwachen.
4.3   Er führte bis vor dem Ziel, **schied dann jedoch durch Sturz aus.**
4.4   Auch wenn sie hart trainierte, **hat sie das Rennen verloren.**

Adverb und Interjektion

Übung 1

Unterstreichen Sie alle Adverbien und bestimmen Sie diese.
«Nach seinem **unerwartet (Art und Weise)** hohen Gewinn wurde ein Lotto-Millionär **ständig (Zeit)** nach seinen Plänen befragt. Er sagte, er sei **grundsätzlich (Art und Weise)** ein **eher (Art und Weise)** bescheidener Mensch. **Daher (Grund)** wolle er **nun (Zeit) höchstens (Art und Weise)** eine **etwas (Art und Weise)** grössere Wohnung mieten und **ansonsten (Art und Weise) gerne (Art und Weise) so (Art und Weise)** weiterleben wie **bisher (Zeit)**. Da sich der Mann durch seine Millionen auch **tatsächlich (Art und Weise) nicht (Art und Weise)** von seinem gewohnten Lebensstil abbringen liess, wurde es **bald (Zeit) wieder (Zeit)** still um ihn.»

Übung 2

Streichen Sie das Adverb, das nicht in die Wortreihe passt.

Unsere Familie trifft sich …   häufig – ab und zu – öfter – ~~wiederholt~~
Ich komme …   vorher – vorbei – ~~zuvor~~ – früher
Er wusste dies …   bereits – schon – sogleich – ~~unlängst~~
Die Freunde verreisen …   vielleicht – ~~kaum~~ – allenfalls – möglicherweise
Sie sprach …   offenherzig – geradeheraus – ~~freilich~~ – freimütig
Die Polizei handelte …   sofort – augenblicklich – ~~unverhohlen~~ – unverzüglich

Übung 3

Kombinieren Sie die Adverbien mit den Verben zu geläufigen Ausdrücken.
vielmals/kaum/rundweg/pünktlich/fast/nicht/selten/unverzüglich/krankheitshalber/inkognito

Lösungsvorschläge:

pünktlich beginnen	**inkognito** reisen
selten anwesend sein	etwas **rundweg** ablehnen
sich **kaum** entscheiden können	**krankheitshalber** fehlen
sich **vielmals** bedanken	**unverzüglich** handeln
fast aufgeben	sich **nicht** bewegen können

Übung 4

Verstärken Sie mit verschiedenen Adverbien.

Lösungsvorschläge:

rundum glücklich sein	**völlig** verwöhnt werden
kaum beeindruckt werden	**ganz** schön gefordert werden
äusserst verdutzt sein	**ausserordentlich** spannend dargestellt

Übung 5

Ergänzen Sie die fehlenden Zwischenstufen.
Beispiel: Der Magier war *unübertrefflich – ausgesprochen – sehr – ziemlich – nicht* geschickt.
Unser Chef ist **nie – selten – manchmal – öfter – oft** – ständig abwesend.
Dieses Kunstwerk ist keinesfalls **– kaum – vielleicht – wahrscheinlich – höchstwahrscheinlich –** garantiert echt.

Einführung

Übung 1

Testen Sie Ihre Kenntnisse.
Wie lauten die grammatikalischen Bezeichnungen für folgende Ausdrücke?

1.1	Wirklichkeitsform	**Indikativ**
1.2	rückbezügliche Verben	**reflexive Verben**
1.3	Grundform	**Infinitiv**
1.4	Befehlsform	**Imperativ**
1.5	Zukunft	**Futur(um)**
1.6	Vorgegenwart	**Perfekt**
1.7	Möglichkeitsform	**Konjunktiv**
1.8	3. Stammform (Mittelwort II)	**Partizip Perfekt**
1.9	Verb mit Akkusativobjekt	**transitives Verb**

Übung 2

2.1 **geschrieben** ist ein (Konjunktiv, **Partizip,** Komparativ, Perfekt)

2.2 **wir hatten vorbereitet** steht im (Perfekt, Präteritum, Partizip, **Plusquamperfekt)**

2.3 **Du hast doch versprochen, du** (kommst, **kommest,** kamst, kämest) noch bei mir vorbei.

2.4 Welches ist eine Passivform? (**es wird behauptet,** es wurde dunkel, sie werden warten, ich wurde böse)

2.5 **kommen – kam – gekommen** sind die (Partizipialformen, Grundformen, **Stammformen,** Konjugationsformen) eines Verbs.

2.6 Für das Verb **winken** heissen die Formen: winken – **winkte – gewinkt**

2.7 Wie lautet der Satz im Perfekt: Ich höre ihn nicht kommen. Ich habe **ihn nicht kommen hören.**

2.8 Welche sind starke Verben? **singen,** machen, stellen, glauben, **ziehen, rufen**

2.9 **wir flogen** lautet im Konjunktiv: **wir flögen**

2.10 Sie rief die Feuerwehr, weil im Keller ein Brand (ausbrechen) **ausgebrochen war.**

Übung 3

Finden Sie Verben, die Folgendes bedeuten.

3.1	etwas sehr laut sagen:	**schreien, brüllen**
3.2	hastig essen:	**verschlingen, hinunterschlingen**
3.3	viel zu schnell fahren:	**rasen**
3.4	nicht tief schlafen:	**dösen**
3.5	unentwegt schauen:	**starren**
3.6	heftig zittern:	**schlottern**
3.7	lautlos gehen:	**schleichen**
3.8	viele Dinge aufeinander legen:	**stapeln, auftürmen**
3.9	mit rauer Stimme sprechen:	**krächzen, brummen**
3.10	oberflächlich durchlesen:	**überfliegen**

Arten

Übung 1

Welche Verben sind rein reflexive Verben? Unterstreichen Sie.

verschlafen, ärgern, **irren**, **freuen**, fragen, zwingen, **vornehmen**, **leisten**, **ausruhen**, verzichten, täuschen, **überlegen**

Ein Verb der Liste ist überhaupt nicht reflexiv: **verzichten**

Übung 2

Machen Sie mit den Verben, die in Übung 1 nicht nur reflexiv sein können, je einen Beispielsatz: reflexiv/nicht reflexiv. Beispiel:

waschen: Nach der langen Reise habe ich mich gewaschen./Ich habe wieder einmal das Auto gewaschen.

ärgern: **Er hat sich über seinen Fehler geärgert/den Hund des Nachbarn geärgert.**

fragen: **Wir fragten uns/den Beamten, wie lange es wohl dauern werde.**

zwingen: **Ich/Der Lehrer zwang mich, genau zu arbeiten.**

täuschen: **Sie glaubte, es sei ihr Koffer, aber sie hatte sich getäuscht.**

Sie glaubte seinen Worten, aber er hatte sie absichtlich getäuscht.

Übung 3

Teilen Sie allen Verb-Kategorien eines der folgenden Verben zu.

telefonieren, mögen, auskennen, betreuen, grünen, vertrauen, gähnen, umsehen, werden, bellen

absolut:	**gähnen, bellen**	transitiv:	**betreuen (mögen)**
intransitiv:	**telefonieren, vertrauen**	reflexiv:	**auskennen, umsehen**
unpersönlich:	**grünen**	Modalverb:	**mögen**
Hilfsverb:	**werden**		

Welche 3 Verben bleiben übrig? In welche Kategorien gehören sie?

Je ein Verb der absoluten, intransitiven und der reflexiven Verb-Kategorien.

Übung 4

Bezeichnet das Hilfsverb werden hier ein Futur (F) oder ein Passiv (P)?

4.1	Sie werden alles betreuen. **(F)**	4.3	Meine Einwände werden nicht akzeptiert. **(P)**
4.2	Wo wirst du eingesetzt werden? **(F + P)**	4.4	Ohne Hilfe wird er das nicht schaffen. **(F)**

Übung 5

Hilfsverben können auch allein, ohne Hauptverb in einem Satz vorkommen. Zeigen Sie dies mit je einem Beispiel.

haben: **Sie haben ein neues Auto. Ich habe frei.**

sein: **Sie ist zufrieden. Er ist ein guter Schachspieler.**

werden: **Es wird dunkel. Ich wurde wütend.**

Übung 6

Richtig (R) oder falsch (F)?

6.1	der abgelehnte Vorschlag **(R)**	6.5	der aufgegangene Mond **(R)**
6.2	das sich gebildete Loch **(F)**	6.6	die abgeschriebenen Aufgaben **(R)**
6.3	die gestiegenen Kosten **(R)**	6.7	das sich ereignete Unglück **(F)**
6.4	die stattgefundene Ausstellung **(F)**	6.8	die geblühten Rosen **(F)**

Modalverben

Übung 1

Setzen Sie Modalverben ein, um die in Klammern angegebene Bedeutung zu erhalten. Benützen Sie jedes Modalverb nur einmal.

1.1   Sie **kann** schwimmen. (Fähigkeit)
1.2   Wir **müssen** uns beeilen. (Pflicht)
1.3   Ich **will** um acht Uhr dort sein. (Absicht)
1.4   Das **dürfte** schwierig werden. (Vermutung)
1.5   Er **möchte** jetzt einen Kaffee trinken. (Wunsch)
1.6   Du **sollst** rasch zum Chef gehen. (Auftrag)

Übung 2

Modalverben haben nicht nur eine Bedeutung. Geben Sie in den Beispielen an, was die Modalverben ausdrücken. Beispiel: **Kannst** du gut zeichnen? **(Fähigkeit)**

2.1 Ich **kann** das Gejammer nicht mehr hören.	**(Un)Willen**
2.2 **Kann** ich rasch deinen Taschenrechner haben?	**Erlaubnis**
2.3 Das **kann** Probleme geben.	**Möglichkeit**
2.4 Ich **muss** noch meine Aufgaben machen.	**Verpflichtung**
2.5 Ein Flugzeug zu fliegen **muss** schwierig sein.	**Annahme**
2.6 Jetzt **muss** ich einen Kaffee haben.	**Wunsch/Verlangen**
2.7 **Darfst** du das Auto deiner Eltern benützen?	**Erlaubnis**
2.8 Das **darf** doch nicht wahr sein!	**Ungläubigkeit**
2.9 Es **dürfte** schwierig sein, ihn zu überzeugen.	**Vermutung**
2.10 Sie **mag** zwar vieles wissen, aber das stimmt nicht.	**Möglichkeit**
2.11 Ich **mag** den Koffer nicht mehr länger tragen.	**Unwillen/Unfähigkeit**
2.12 Was **mag** in diesem Päckchen sein?	**Vermutung**
2.13 Ich **will** mein Geld zurück.	**Wunsch/Verlangen**
2.14 Was **willst** du in einem solchen Fall tun?	**Möglichkeit**
2.15 Sie **wollen** keine Ahnung davon haben.	**Behauptung**
2.16 Die Schauspielerin **soll** heimlich geheiratet haben.	**Gerücht**
2.17 Der **soll** nur kommen! Ich werde ihm die Meinung sagen.	**Wunsch**
2.18 So **sollte** es eigentlich stimmen.	**Vermutung**
2.19 Hier **sollte** doch ein Hotel gebaut werden.	**Absicht**

Übung 3

Setzen Sie folgende Sätze ins Perfekt.

3.1 Ich mag ihren Hund nicht.	**Ich habe ihren Hund nicht gemocht.**
3.2 Er darf das Auto nicht benützen.	**Er hat das Auto nicht benützen dürfen.**
3.3 Willst du das wirklich?	**Hast du das wirklich gewollt?**
3.4 Ich kann das nicht verstehen.	**Ich habe das nicht verstehen können.**
3.5 Er will sie anrufen.	**Er hat sie anrufen wollen.**
3.6 Wir müssen gehorchen.	**Wir haben gehorchen müssen.**
3.7 Hörst du das Telefon nicht läuten?	**Hast du das Telefon nicht läuten hören?**

Die Stammformen

Übung 1

Bestimmen Sie: starkes (st), schwaches (sw) oder gemischtes (gm) Verb?
stimmen **(sw)**, rufen **(st)**, hören **(sw)**, schalten **(sw)**, melden **(sw)**, brennen **(gm)**, setzen **(sw)**, verbeugen **(sw)**, bringen **(gm)**, fliessen **(st)**, laden **(st)**, riechen **(st)**, denken **(gm)**, erlöschen **(st)**

Übung 2

Wie lauten die Stammformen?

überzeugen	**überzeugte**	**überzeugt**
schwingen	**schwang**	**geschwungen**
bieten	**bot**	**geboten**
zeigen	**zeigte**	**gezeigt**
stossen	**stiess**	**gestossen**
blinken	**blinkte**	**geblinkt**
trimmen	**trimmte**	**getrimmt**
enttäuschen	**enttäuschte**	**enttäuscht**
versenken	**versenkte**	**versenkt**
schimpfen	**schimpfte**	**geschimpft**
gleiten	**glitt**	**geglitten**
halten	**hielt**	**gehalten**
schieben	**schob**	**geschoben**
rufen	**rief**	**gerufen**

Übung 3

Finden Sie ein Verb, das sich reimt, aber zur anderen Kategorie gehört.

3.1	schweben	**schwebte**	**geschwebt**	(schwach)
	heben	**hob**	**gehoben**	(stark)
3.2	tragen	**trug**	**getragen**	(stark)
	fragen	**fragte**	**gefragt**	(schwach)
3.3	kaufen	**kaufte**	**gekauft**	(schwach)
	laufen	**lief**	**gelaufen**	(stark)
3.4	schlafen	**schlief**	**geschlafen**	(stark)
	strafen	**strafte**	**gestraft**	(schwach)
3.5	fassen	**fasste**	**gefasst**	(schwach)
	lassen	**liess**	**gelassen**	(stark)
3.6	sitzen	**sass**	**gesessen**	(stark)
	blitzen	**blitzte**	**geblitzt**	(schwach)

Übung 4

Bei folgenden Verben ändert sich die Bedeutung, wenn sie stark oder schwach sind. Zeigen Sie das mit Beispielsätzen im Präteritum oder Perfekt. Verben: erschrecken/wachsen/schleifen/schaffen/bewegen
Ich bin erschrocken./Ich habe ihn erschreckt.
Der Baum ist gewachsen./Wir haben die Ski gewachst.
Er schliff das Messer./Er schleifte einen Ast hinter sich her.
Leonardo da Vinci schuf die Mona Lisa./Sie schaffte die Prüfung.
Das bewog mich zum Kauf./Er bewegte sich nicht von der Stelle.

Die sechs Zeiten

Übung 1

Bestimmen Sie die Zeit in den folgenden Formen.

1.1	wir wussten	**Präteritum**
1.2	sie werden heimgegangen sein	**Futur II**
1.3	du trittst ein	**Präsens**
1.4	ihr wart gerannt	**Plusquamperfekt**
1.5	Der Vater schalt uns.	**Präteritum**
1.6	Wirst du mitfahren dürfen?	**Futur**
1.7	Sie hatten die Hilfe abgelehnt.	**Plusquamperfekt**
1.8	Es wird dunkel.	**Präsens**
1.9	Sind sie spazieren gegangen?	**Perfekt**
1.10	Er wird nicht fertig geworden sein.	**Futur II**
1.11	Das hat mich geärgert.	**Perfekt**
1.12	Das wird schwierig werden.	**Futur**

Übung 2

Setzen Sie in die verlangten Zeitformen.

2.1 Präteritum «blasen»: Der Wind **blies**.

2.2 Futur «eintreffen»: Wir **werden eintreffen**.

2.3 Präteritum «pfeifen»: Er **pfiff** ein Lied.

2.4 Perfekt «scheinen»: Die Sonne **hat geschienen**.

2.5 Plusquamperfekt «ausgleiten»: Sie **war ausgeglitten**.

2.6 Präsens «empfehlen»: Der Arzt **empfiehlt** Ruhe.

2.7 Futur II «nehmen»: Du **wirst genommen haben**.

2.8 Perfekt «winken»: Die Kollegen **haben gewinkt**.

2.9 Präsens «erhalten»: Du **erhältst** einen Gutschein.

2.10 Präteritum «erklimmen»: Sie **erklommen** den Gipfel.

2.11 Plusquamperfekt «verschwinden»: Er **war verschwunden**.

2.12 Präteritum «sich biegen»: Die Bäume **bogen sich**.

2.13 Präteritum «schieben»: Ich **schob** mein Velo.

2.14 Perfekt «schreien»: Ein Tier **hat geschrien**.

2.15 Futur II «abreisen»: Er **wird abgereist sein**.

2.16 Futur «sehen»: Ihr **werdet sehen**.

2.17 Präteritum «beneiden»: Wir **beneideten** ihn um seine schöne Wohnung.

Übung 3

Setzen Sie diese Verbformen, ohne auf der linken Seite nachzusehen, in alle sechs Zeiten.

3.1 du **erhältst/hast erhalten/erhieltst/hattest erhalten/wirst erhalten/wirst erhalten haben**

3.2 ihr **kauft/habt gekauft/kauftet/hattet gekauft/werdet kaufen/werdet gekauft haben**

3.3 wir **rennen/sind gerannt/rannten/waren gerannt/werden rennen/werden gerannt sein**

3.4 er **wird gesehen/ist gesehen worden/wurde gesehen/war gesehen worden/wird gesehen werden/wird gesehen worden sein**

Zeitenfolge

Übung 1

Setzen Sie die Verbform in die verlangte Zeit
Beispiel: Sie wird telefonieren. > Präteritum: Sie telefonierte.

1.1 Sie sind gekommen. > Plusquamperfekt: **Sie waren gekommen.**
1.2 Wir werden gut speisen. > Futur II: **Wir werden gut gespeist haben.**
1.3 Du schwimmst. > Perfekt: **Du bist geschwommen.**
1.4 Er wurde verhaftet. > Perfekt: **Er ist verhaftet worden.**
1.5 Eine Wespe hatte mich gestochen. > Präteritum: **Eine Wespe stach mich.**
1.6 Ich werde gezwungen. > Futur: **Ich werde gezwungen werden.**
1.7 Jemand schreit laut. > Präteritum: **Jemand schrie laut.**
1.8 Du wirst empfohlen haben. > Präsens: **Du empfiehlst.**
1.9 Ihr bratet. > Präteritum: **Ihr brietet.**
1.10 Er wird frieren. > Plusquamperfekt: **Er hatte gefroren.**

Übung 2

Setzen Sie die Verben in die richtige Form. Achten Sie dabei auf die Vorzeitigkeit.
2.1 Gestern (merken) **merkten** wir, dass wir (vergessen) **vergessen hatten**, die Bestellung abzuschicken.
2.2 Nachdem ich mich (überzeugen) **überzeugt hatte**, dass alles beisammen (sein) **war**, (beginnen) **begann** ich, die Ausrüstung, die ich (bereitlegen) **bereitgelegt hatte**, ins Auto zu laden.
2.3 Sie (hereinkommen) **kam herein**, (rufen) **rief** die Sekretärin und (bitten) **bat** sie um die Unterlagen, die sie ihr am Morgen (geben) **gegeben hatte**.
2.4 Auf dem Fundbüro (melden) **meldete** sich ein Herr, der seine Aktentasche (verlieren) **verloren hatte**.
2.5 Hörst du, wie er (fluchen) **flucht**, weil er Wein (verschütten) **verschüttet hat** und es einen Fleck (geben) **gegeben hat**, den er (reinigen müssen) **reinigen muss**?
2.6 Sie telefonierte der Feuerwehr, weil im Keller ein Brand (ausbrechen) **ausgebrochen war**.
2.7 Wir (aufbrechen) **brechen auf**, sobald du dich (umziehen) **umgezogen hast**.
2.8 Man (nicht viel/sehen) **sah nicht viel**, als wir die Berghütte (erreichen) **erreichten**, denn die Sonne (schon/untergehen) **war schon untergegangen**.

Übung 3

Fehler aus Schüleraufsätzen. Verbessern Sie.
3.1 Wir konnten uns nicht vorstellen, dass sie weggelaufen **war**.
3.2 Oft wachte ich auf und **hatte** geträumt, dass mich ein Tier **angefallen hatte**.
3.3 Bevor der Zug wegfuhr, verabschiedeten wir uns von den Freunden, die uns zum Bahnhof **begleitet hatten**.
3.4 Nachdem ich vier Monate **gearbeitet hatte**, wollte ich mir wieder Ferien gönnen.
3.5 Es wurde mir bewusst, dass heute der entscheidende Tag **war**.
3.6 Ich wartete auf die Kollegen und erzählte ihnen in aller Hast, was **vorgefallen war**.

Die Aussagearten 1: Imperativ und Indikativ

Übung 1

Wie lauten die Imperativ-Formen zu folgenden Verben?

geben	**Gib./Gebt./Geben Sie.**
zusehen	**Sieh zu./Seht zu./Sehen Sie zu.**
lesen	**Lies./Lest./Lesen Sie.**
sich waschen	**Wasch dich./Wascht euch./Waschen Sie sich.**
vorsichtig sein	**Sei vorsichtig./Seid vorsichtig./Seien Sie vorsichtig.**
keine Angst haben	**Hab keine Angst./Habt keine Angst./Haben Sie keine Angst.**

Übung 2

Finden Sie selber die Imperativformen für je zwei Verben,

die den Stammvokal

– von -e- zu -i- wechseln:

nehmen:	Nimm.	Nehmt.	Nehmen Sie.
essen:	**Iss.**	**Esst.**	**Essen Sie.**
helfen:	**Hilf.**	**Helft.**	**Helfen Sie.**

– die reflexiv sind:

sich bewegen:	Beweg dich.	Bewegt euch.	Bewegen Sie sich.
sich anziehen:	**Zieh dich an.**	**Zieht euch an.**	**Ziehen Sie sich an.**
sich beeilen:	**Beeil dich.**	**Beeilt euch.**	**Beeilen Sie sich.**

– die Vorsilben haben:

aufpassen:	Pass auf.	Passt auf.	Passen Sie auf.
mitkommen:	**Komm mit.**	**Kommt mit.**	**Kommen Sie mit.**
nachschauen:	**Schau nach.**	**Schaut nach.**	**Schauen Sie nach.**

Übung 3

Konjugieren Sie folgende Verben im Indikativ Präsens und Perfekt.

Fahren/machen

ich	**fahre/mache**		wir	**fahren/machen**
du	**fährst/machst**		ihr	**fahrt/macht**
er, sie, es	**fährt/macht**		sie	**fahren/machen**

Übung 4

Wie lauten folgende Verbformen? Beispiel: 3. Pers. Sg. n. Plusquamperfekt **regnen**: es hatte geregnet

4.1 2. Pers. Sg. Präs. **glauben**: **du glaubst**
4.2 2. Pers. Pl. Futur **sich freuen**: **ihr werdet euch freuen**
4.3 3. Pers. Pl. Perfekt **reiten**: **sie sind geritten**
4.4 2. Pers. Pl. Präteritum **schicken**: **ihr schicktet**
4.5 1. Pers Sg. Futur II **weggehen**: **ich werde weggegangen sein**

Übung 5

Bereiten Sie für einen Partner selber 5 verschiedene Aufgaben wie in Übung 4 vor und lassen Sie diese lösen. Nehmen Sie dazu verschiedene Personen und verschiedene Zeiten.

Individuelle Beispiele

Die Aussagearten 2: Bildung Konjunktiv

Übung 1

Konjugieren Sie im Präsens.

	trinken		**sprechen**		**zeigen**	
	Indikativ	Konjunktiv	Indikativ	Konjunktiv	Indikativ	Konjunktiv
ich	**trinke**	**trinke**	**spreche**	**spreche**	**zeige**	**zeige**
du	trinkst	trinkest	sprichst	sprechest	zeigst	zeigest
er, sie, es	trinkt	trinke	spricht	spreche	zeigt	zeige
wir	**trinken**	**trinken**	**sprechen**	**sprechen**	**zeigen**	**zeigen**
ihr	trinkt	trinket	sprecht	sprechet	zeigt	zeiget
sie	**trinken**	**trinken**	**sprechen**	**sprechen**	**zeigen**	**zeigen**

Markieren Sie: Wo sind beide Formen gleich?

Übung 2

Konjugieren Sie im Präteritum.

	nehmen		**fangen**		**sagen**	
	Indikativ	**Konjunktiv**	**Indikativ**	**Konjunktiv**	**Indikativ**	**Konjunktiv**
ich	nahm	nähme	fing	finge	**sagte**	**sagte**
du	nahmst	nähmest	fingst	fingest	**sagtest**	**sagtest**
er, sie, es	nahm	nähme	fing	finge	**sagte**	**sagte**
wir	nahmen	nähmen	**fingen**	**fingen**	sagten	sagten
ihr	nahmt	nähmet	fingt	finget	**sagtet**	**sagtet**
sie	nahmen	nähmen	**fingen**	**fingen**	sagten	sagten

Markieren Sie: Wo sind beide Formen gleich?

Übung 3

Setzen Sie die Verbformen am richtigen Ort in die Tabelle ein. Ergänzen Sie dann die restlichen Formen.
Beispiel:

er kommt	**er komme**	er kam	er käme
3.1 du gehst	**du gehest**	du gingst	du gingest
3.2 sie halten	sie halten	**sie hielten**	**sie hielten**
3.3 ich weiss	**ich wisse**	ich wusste	ich wüsste
3.4 ihr sitzt	ihr sitzet	ihr sasst	**ihr sässet**
3.5 **wir haben**	**wir haben**	wir hatten	wir hatten
3.6 sie sieht	**sie sehe**	sie sah	sie sähe
3.7 **sie schlafen**	**sie schlafen**	sie schliefen	sie schliefen
3.8 du machst	du machest	**du machtest**	**du machtest**
3.9 ich ziehe	ich ziehe	ich zog	**ich zöge**
3.10 es brennt	es brenne	**es brannte**	es brennte
3.11 **wir führen**	**wir führen**	wir führten	wir führten
3.12 wir fahren	wir fahren	wir fuhren	**wir führen**

> Wortarten > Verb

Die Aussagearten 3: Gebrauch Konjunktiv I

Übung 1

Erstellen Sie eine Liste (siehe links) und arbeiten Sie den gemischten Konjunktiv für das Verb **sehen** heraus.

Indikativ Präsens	Konjunktiv I	Konjunktiv II	gem. Konjunktiv
ich sehe	ich sehe	ich sähe	**ich sähe**
du siehst	du sehest	du sähest	**du sehest**
er, sie, es sieht	er, sie, es sehe	er, sie, es sah	**er, sie, es sehe**
wir sehen	wir sehen	wir sähen	**wir sähen**
ihr seht	ihr sehet	ihr sähet	**ihr sehet**
sie sehen	sie sehen	sie sähen	**sie sähen**

Übung 2

Streichen Sie die nicht korrekten Formen heraus, z.B. Sie sagten, die Lieferung ~~trifft~~/treffe/~~träfe~~ bald ein.

2.1 Er sagt, er ~~kann~~/**könne**/~~könnte~~ das nicht verstehen.

2.2 Sie erwiderten, sie ~~haben~~/**hätten** gar nichts unternommen.

2.3 Du sagtest, du ~~siehst~~/**sehest**/~~sähest~~ keinen Sinn darin.

2.4 Ich bin der Meinung, das ~~verstösst~~/**verstosse**/~~verstiesse~~ gegen die Regeln.

2.5 Der Bauer befürchtet, es **gebe**/~~gäbe~~ ein Gewitter.

2.6 Warum behauptet ihr, ihr **wisset**/~~wüsstet~~ nichts davon?

2.7 Er wandte ein, Stoffbezüge ~~kosten~~/**kosteten** zu viel und ~~lassen~~/**liessen** sich nur schlecht reinigen.

Übung 3

Setzen Sie in die indirekte Rede.

3.1 «Wer sich nicht eincremt, riskiert einen Sonnenbrand.»
Der Arzt warnte, **wer sich nicht eincreme, riskiere einen Sonnenbrand.**

3.2 «Wer solche Risiken eingeht, muss sich nicht wundern, wenn es Unfälle gibt.»
Ein Experte meinte, **wer solche Risiken eingehe, müsse sich nicht wundern, wenn es Unfälle gebe.**

3.3 «Wir waren gestern im Kino und sahen den neuen James-Bond-Film.»
Ein Kollege sagte, **sie seien gestern im Kino gewesen und hätten den neuen James-Bond-Film gesehen.**

3.4 «Diese Vorhänge gefallen mir gar nicht.»
Die Kundin sagte, **diese Vorhänge gefielen ihr gar nicht.**

3.5 «Ich helfe dir gerne.»
Du hast doch gesagt, **du helfest mir gerne.**

3.6 «Wir nehmen den Zug.»
Sie sagen, **sie nähmen den Zug.**

3.7 «Ich glaube nicht, dass ich fertig werde.»
Die Freundin erklärte, **sie glaube nicht, dass sie fertig werde.**

3.8 «Hör auf, sonst gibt es ein Unglück!»
Peter warnte, **ich solle aufhören, sonst gebe es ein Unglück.**

3.9 «Wir haben gutes Wetter und wandern viel.»
Sie schreiben, **sie hätten gutes Wetter und wanderten viel.**

3.10 «Wann kommt Herr Braun endlich?»
Der Chef wollte wissen, **wann Herr Braun endlich komme.**

Die Aussagearten 4:
Gebrauch Konjunktiv II

Übung 1

Setzen Sie überall konsequent Konjunktiv II ein.

1.1 Wenn ich mehr Geld (haben) **hätte**, (kaufen) **kaufte** ich mir viele schöne Kleider.

1.2 Wenn du am Turnier (teilnehmen) **teilnähmest**, (kommen) **kämest** du bestimmt auf einen Spitzenplatz.

1.3 Der Chef (schimpfen) **schimpfte**, wenn wir hier (rauchen) **rauchten**.

1.4 Wenn jetzt ein Funke (entstehen) **entstünde/entstände,** (explodieren) **explodierte** die ganze Sache.

1.5 Ich (tragen) **trüge** deine Tasche schon, wenn sie dir zu schwer (sein) **wäre**.

1.6 Wenn es (regnen) **regnete**, (gehen) **gingen** wir mit dem Bus.

1.7 Wenn es (regnen) **regnete**, (nehmen) **nähmen** wir den Bus.

1.8 (Bremsen) **Bremsten** Sie, wenn eine Katze über die Strasse (laufen) **liefe**?

1.9 Ich (antworten) **antwortete** nicht, wenn er mich (fragen) **fragte**.

1.10 Wenn es heftig (stürmen) **stürmte**, (schliessen) **schlösse** ich die Fensterläden.

Welche der obigen Sätze sind nun klare Bedingungssätze? **Alle, ausser 3, 6, 9**

Schreiben Sie die zweideutigen Sätze hier als Bedingungssätze auf, indem Sie die **würde**-Form am richtigen Ort zu Hilfe nehmen:

1.3 **Der Chef würde schimpfen, wenn wir hier rauchten.**

1.6 **Wenn es regnete, würden wir mit dem Bus gehen.**

1.9 **Ich würde nicht antworten, wenn er mich fragte.**

Übung 2

Was täten Sie in folgenden Situationen? Verwenden Sie unterschiedliche Verben in Konjunktiv-II-Formen und vermeiden Sie nach Möglichkeit das Wort **würde**.

Beispiel: Ein Brand bricht aus. Wenn ein Brand ausbräche, riefe ich die Feuerwehr.

2.1 Sie treffen Ihren Lieblingsschauspieler/Ihre liebste Sängerin. **Wenn ich ... träfe, ...**

2.2 Sie gewinnen 1 Million im Lotto. **Wenn ich gewänne, ...**

2.3 Sie halten eine Ansprache zum 1. August. **Wenn ich hielte, ...**

2.4 Sie beobachten einen Banküberfall. **Wenn ich beobachtete, ...**

2.5 Sie verlieren den Hausschlüssel. **Wenn ich verlöre, ...**

2.6 Die Polizei will Sie verhaften. **Wenn die Polizei mich verhaften wollte, ...**

2.7 Sie finden eine Brieftasche mit 5000 Franken. **Wenn ich fände, ...**

2.8 Das Fernsehen macht eine Sendung über Sie. **Wenn das Fernsehen ... machte, ...**

2.9 Ein UFO landet vor Ihrem Haus. **Wenn ein UFO landete, ...**

2.10 Ein Bundesrat oder eine Bundesrätin lädt Sie zum Essen ein. **Wenn ... einlüde, ...**

Übung 3

Interviewen Sie einen Partner mit den Beispielen oben. Erfinden Sie auch eigene Fragen.

Frage: Was tätest du, wenn ein Brand ausbräche? – Antwort: Ich riefe die Feuerwehr.

Gleiche Formen wie oben sowie individuelle Fragen/Formen

Die Zustandsformen: Aktiv/Passiv

> Wortarten > Verb

Übung 1

Aktiv (A) oder Passiv (P)? Machen Sie bei Unsicherheiten die «Präsens-Probe».

1.1	es blinkt **(A)**		1.5	sie sind gewandert **(A)**
1.2	wir werden hören **(A)**		1.6	sie wird geschrieben haben **(A)**
1.3	wir waren überholt worden **(P)**		1.7	er wurde eingeholt **(P)**
1.4	es muss festgestellt werden **(P)**		1.8	es wurde dunkel **(A)**

Übung 2

Setzen Sie ins Passiv, ohne die Zeit zu ändern. (Person weglassen)

2.1 Er beantwortet den Brief.
Der Brief wird beantwortet.

2.2 Der Feind beschoss das Schiff.
Das Schiff wurde beschossen.

2.3 Wir werden die Kirschen ernten.
Die Kirschen werden geerntet werden.

2.4 Ich hatte den Papierkorb geleert.
Der Papierkorb war geleert worden.

2.5 Sie haben das Haus abgerissen.
Das Haus ist abgerissen worden.

Übung 3

Entscheiden Sie zuerst, ob die Sätze aktiv oder passiv sind. Setzen Sie diese anschliessend in die jeweils andere Form, ohne die Zeit zu verändern.

Beispiel: Die Aufgabe wird von mir gelöst. (passiv) Aktiv: Ich löse die Aufgabe.

3.1 Von einem Passanten wurde die Polizei gerufen. **(passiv)**
Ein Passant rief die Polizei.

3.2 Unbekannte haben die Dorfbank überfallen. **(aktiv)**
Die Dorfbank ist (von Unbekannten) überfallen worden.

3.3 Wir werden das Essen um 20 Uhr servieren. **(aktiv)**
Das Essen wird um 20 Uhr serviert werden.

3.4 Jemand hatte die Szene fotografiert. **(aktiv)**
Die Szene war fotografiert worden.

3.5 Sie vergassen die Sache wieder. **(aktiv)**
Die Sache wurde wieder vergessen.

3.6 Wir werden vom Lehrer aufgerufen und abgefragt. **(passiv)**
Der Lehrer ruft uns auf und fragt uns ab.

3.7 Das Fussballspiel ist vom Fernsehen übertragen worden. **(passiv)**
Das Fernsehen hat das Fussballspiel übertragen.

3.8 Die Vorwürfe müssen möglichst rasch überprüft werden. **(passiv)**
Man muss (Wir müssen) die Vorwürfe möglichst rasch überprüfen.

3.9 Die Reparatur hätte von der Firma längst ausgeführt werden sollen. **(passiv)**
Die Firma hätte die Reparatur längst ausführen sollen.

3.10 Man kann den Schaden noch nicht abschätzen. **(aktiv)**
Der Schaden kann noch nicht abgeschätzt werden.

Einführung

Übung 1

Diktieren Sie einander Wörter aus einem Rechtschreibewörterbuch. Kontrollieren Sie jeweils das geschriebene Wort sofort. Korrigieren Sie, wenn nötig.
Individuelle Lösungen

Übung 2

Erstellen Sie eine Liste mit Wörtern. Bauen Sie bewusst kleine Fehler ein. Lassen Sie die Liste korrigieren und verbessern Sie selber solche Übungen.
Individuelle Lösungen

Übung 3

In jeden Abschnitt hat sich eine unbestimmte Anzahl Fehler eingeschlichen. Suchen und korrigieren Sie diese. Schlagen Sie bei Unsicherheiten im Wörterbuch nach.

Abschnitt 1:
Welche Rolle spielt die Schule heute in der Entwicklung junger Menschen? Was für eine Beziehung besteht zwischen Lehrern und Schülern? Bereitet die Schule auf den harten Existenzkampf in der Wirtschaft vor? Wird in ihr intelektuelle **(intellektuelle)** Dressur betrieben? Werden vor allem jene Fächer fociert **(forciert)**, die nachher zu materiell verwertbaren Fähigkeiten und Kentnissen **(Kenntnissen)** führen? Oder geht sie darauf aus, im Sinne der grossen Pädagogen und Psychologen alle Begabungen, die der Mensch besitzen kann, zu endecken **(entdecken)**, zu fördern, aus jugentlichen **(Jugendlichen)** Menschen zu machen, die sowohl vom äussern wie auch vom inneren Reichtum der Welt etwas erahnen und verstehen?

Abschnitt 2:
Diese Fragen können weder eindeutig mit ja **(Ja)** noch mit nein **(Nein)** beantwortet werden. In erster Linie hängt es von der Lehrperson ab. Wo ein Mann oder eine Frau zu diesem vielleicht schönsten – und schwersten – aller Berufe berufen ist, wo es ihnen zur immer wieder erneuerten Lust und zur akzeptierten Last wird, junge Menschen zu führen, suptil **(subtil)**, freundlich und doch stark, wo Sie **(sie)** es verstehen, Augen zu öffnen, Welten zu öffnen, Horizonte zu erweitern, nach innen und nach aussen, dort wird die Schule zum Glücksfall. Hier ereignet sich wirklich ein Stück Menschwertung **(Menschwerdung)**, wie Pestalozzi es gesagt hat: «Mensch ist man nicht, Mensch wird man.»

Abschnitt 3:
Es wird zeit **(Zeit)**, das **(dass)** wir uns über den Sinn unserer Schulen wieder einmal grundsätzlich Gedanken machen. Die Kordinierung **(Koordinierung)** und Angleichung der Schulsysteme ist eine Wichtige **(wichtige)** und notwändige **(notwendige)**, aber keine entscheidende Sache. Wenn wir sie in den Mittelpunkt unserer Bemühungen stellen, lenken wir nur vom echten Problem ab und der Menschenbildung nähren **(nähern)** wir uns nicht.
(Aus: Alfred A. Häsler: «Der Aufstand der Söhne»,1969)

Nicht vergessen: Individuelle Wörterliste nachführen!

Vokale, Umlaute, Doppellaute

> Rechtschreibung

Übung 1

Diktieren Sie einander folgende Wortpaare. Kontrollieren Sie jeweils das geschriebene Wort sofort.
Korrigieren Sie, wenn nötig. **(Lösungen gegeben)**

bitten/bieten	Blumenbeet/Bettüberzug	widerlegen/wiederholen
Bisse/Bise	Miete/Mitte	Ureinwohner/Uhrzeiger
Band/Bändel	Bühne/Tribüne	spüren/fühlen
das Meer/etwas mehr	Stange/Stängel	Tiger/Tierreich
Nummer/nummerieren	Schnauz/schnäuzen	zehren/zerren
staatlich/stattlich	seelisch/mühselig	Stall/Stahl
rahmen/rammen	das Mienenspiel/die Tretmine	Qualen/Quallen
gemalte Bilder/gemahlenes Korn	das Volkslied, das Augenlid	Lamm/belämmert

Übung 2

Setzen Sie ein: i/ie/ih/ieh
F**ie**berkurve, Benz**i**n, fl**ieh**en, kap**ie**ren, Ant**i**ke, Iron**ie**, Masch**i**nen, **ih**nen,
B**i**bel, er g**i**bt, s**ie**ben, sie empf**ieh**lt, man verm**ie**d, Br**i**se, z**ie**mlich, spaz**ie**ren,
Law**i**ne, F**i**berglas, M**ie**te, ausg**ie**big, st**i**lvoll, das Kn**ie**, sie schr**ie**n, er st**ieh**lt,
N**i**sche, Tr**ie**b, Poes**ie**, qu**ie**tschen

Übung 3

Wieder oder wider? – Schreiben Sie diese Wörter in die entsprechende Kolonne.
-legen, -beleben, -fahren, -gabe, -natürlich, -aufbau, -holen, -lich, -rechtlich, -rufen, -spenstig, -käuen, -stand,
-willig, -sinnig, -wahl, -streben, -setzen, -um, -fordern

Wieder-/wieder- (nochmals)	**Wider-/wider- (gegen)**
wiederbeleben	**widerlegen**
Wiedergabe	**widerfahren**
Wiederaufbau	**widernatürlich**
wiederholen	**widerlich**
wiederkäuen	**widerrechtlich**
Wiederwahl	**widerrufen**
wiederum	**widerspenstig**
wiederfordern (zurückfordern)	**Widerstand**
	widerwillig
	widersinnig
	widerstreben
	widersetzen

Übung 4

Setzen Sie ein: a/aa/ah; e/ee/eh; o/oo/oh; ä/ö/öh/ü/üh
Das P**aa**r, ein P**ä**rchen, sp**a/ü**ren, sp**ü**len, die Geb**üh**ren, die H**öh**le, die H**ö**lle,
schw**e/o**r, die Sch**e**re, verh**ee**rend, der Thr**o**n, st**ö**ren, schw**ü/u**l, bl**üh/äh**en, die Bl**ü**te,
das Schicks**a**l, die Erdb**ee**ren, die Sandd**ü**ne, gr**ö**len, sich w**eh**ren, das M**oo**s

Nicht vergessen: Individuelle Wörterliste nachführen!

Konsonanten

Übung 1

Wählen Sie etwa 10 bis 15 Wörter aus der Liste Seite 70 aus. Schreiben Sie zu jedem Wort einen kurzen Satz, in welchem der ausgewählte Begriff inhaltlich sinnvoll vorkommt. Diktieren Sie nun einander die Sätze. Kontrollieren Sie und korrigieren Sie, wenn nötig.
Individuelle Lösungen

Übung 2

Diktieren Sie einander folgende Wortpaare. Kontrollieren Sie jeweils das geschriebene Wort sofort! Korrigieren Sie, wenn nötig. **(Lösungen gegeben)**

seitdem / seit heute

Rabe / Rappe

Nummer / nummerieren

Schifffracht / Schiffbruch

selbstlos / selbstständig (auch: selbständig)

rhetorisch / rhythmisch

Tippfehler / vertippen

Substanz / substanziell (auch: substantiell)

Katarr (auch: Katarrh) / Getto (auch: Ghetto)

Panter (auch: Panther) / Tunfisch (auch: Thunfisch)

Kakadu / Känguru

Defilee / Tournee

karrierebewusst / kleinkariert

Spaziergang / Spatzen

Billett / Trottinett

der Gesandte / die Sendung

paddeln / radeln

tönen / thronen

Übung 3

In den folgenden Sätzen stecken ein paar Fehler. Korrigieren Sie.

3.1 Adam spazierte mit besorgter Mine **(Miene)** im Paradies herum.

3.2 Man empfielt **(empfiehlt)**, die gefürchtesten **(gefürchtetsten)** Stellen sehr vorsichtig zu passieren.

3.3 Der Chef war unnachgibig **(unnachgiebig)** und duldete keine Wiederrede **(Widerrede)**.

3.4 Verstöhrt **(Verstört)** verliess er nach dem Spiel die Tribühne **(Tribüne)**.

3.5 Er suchte seine Jacke, die in der Barake **(Baracke)** am Hacken **(Haken)** hing.

3.6 Schon immer spukten in seinem Kopf ziemlich verückte **(verrückte)** Ideen herum.

3.7 Sie liess das verschnürrte **(verschnürte)** Paket beim Picknick liegen.

3.8 Nun wissen wir, wesshalb **(weshalb)** wir den Ausgang aus dem Labyrint **(Labyrinth)** nicht finden konnten.

3.9 Endlich endeckten **(entdeckten)** wir den ausländischen Gesannten **(Gesandten)** und seine Begleiterin.

3.10 Der Hausarzt warnte ihn vor allzu grossen Strapatzen **(Strapazen)**.

3.11 Ägypten grenzt im Westen an den Wüstenstaat Lybien **(Libyen)**.

3.12 Armut, Drogen, Krieg: Das sind die dringensten **(dringendsten)** Probleme unserer Zeit.

Übung 4

Schreiben Sie aus einem Wörterbuch ein paar Begriffe (auch Fremdwörter) heraus und bauen Sie bei einigen bewusst kleine Fehler ein. Lassen Sie die anderen herausfinden, welche Wörter fehlerhaft sind.
Individuelle Lösungen

Nicht vergessen: Individuelle Wörterliste nachführen!

Getrennt- und Zusammenschreibung

Übung 1

Studieren Sie nochmals die Regeln und die Beispiele Seite 72. Diktieren Sie danach einander ungefähr 20 Wörter. Schreiben Sie diese in eine Tabelle mit den beiden Spalten «Getrenntschreibung»/«Zusammenschreibung». Am Schluss kontrollieren und korrigieren Sie die Übung.
Individuelle Lösungen

Übung 2

Ergänzen Sie nach folgendem Beispiel: das Schlangestehen: lange Schlange stehen müssen

2.1	das Maschinenschreiben:	**gut Maschine schreiben können**
2.2	die Anteilnahme:	**daran Anteil nehmen können**
2.3	die Teilnahme:	**daran teilnehmen müssen**
2.4	die Preisgabe:	**ein Geheimnis preisgeben müssen**
2.5	die Heimreise:	**bald heimreisen müssen**
2.6	das Eislaufen:	**gut eislaufen können**
2.7	die Probefahrt:	**das Auto zuerst Probe fahren können**
2.8	das Pleitegehen:	**in kurzer Zeit pleitegehen müssen**

Übung 3

Bilden Sie aus den gegebenen Adjektiven und Verben sinnvolle Kombinationen. Verwenden Sie jedes Wort nur einmal und achten Sie auf die Getrennt- und Zusammenschreibung.

Adjektive
offen, fern, gerade, fest, tot, bereit, schwarz, krank, glücklich, leicht, schwer, richtig, besser, genau

Verben
sein, nehmen, fallen, stellen, können, lesen, lassen, sehen, sitzen, legen, schlagen, halten, melden

Lösungsvorschläge (andere Kombinationen sind möglich): glücklich sein, leichtnehmen, schwer fallen/schwerfallen, festlegen, offen lassen/offenlassen, fernsehen, gerade sitzen, besser stellen/ besserstellen, krankmelden, besser können, genau lesen, (sich) bereithalten

Übung 4

In einigen der folgenden Sätze stecken Fehler. Korrigieren Sie.

4.1	Die Richterin musste den Angeklagten **freisprechen**.	**korrekt**
4.2	Man hat **viel zuwenig** auf die Sicherheit geachtet.	**viel zu wenig**
4.3	**Irgend jemand** muss die Verantwortung übernehmen.	**Irgendjemand**
4.4	Beginnen Sie mit der **obenstehenden** Übung.	**korrekt, auch: oben stehenden**
4.5	Heute gibt es viele **allein erziehende** Väter und Mütter.	**korrekt, auch: alleinerziehende**
4.6	Du musst diesen Roman nun **beiseite legen**.	**beiseitelegen**
4.7	**So viel** ich weiss, sind die beiden gestern **aneinander geraten**.	**Soviel, aneinandergeraten**
4.8	Man kann diese Firma nicht **zugrunde gehen lassen**.	**korrekt, auch: zu Grunde …**
4.9	Dieses Vorgehen muss **in Frage** gestellt werden.	**korrekt, auch: infrage**
4.10	Sie hat stets ihre Kolleginnen **schlecht gemacht**.	**schlechtgemacht**
4.11	**Irgend so eine** Dame wollte heute die Chefin sprechen.	**korrekt**
4.12	Wir werden unsere Strategien nicht **bekanntgeben**.	**korrekt, auch: bekannt geben**

Nicht vergessen: Individuelle Wörterliste nachführen!

Grossschreibung

Übung 1

Verfassen Sie zu jeder der 6 Regeln Seite 74 einen kurzen Satz, in welchem mindestens eine Form der Grossschreibung vorkommt. (Beispiel: Die Kleine Kammer besteht aus 46 Abgeordneten). Diktieren Sie anschliessend einander diese Sätze. Kontrollieren Sie die Rechtschreibung und korrigieren Sie, wenn nötig.
Individuelle Lösungen

Übung 2

Setzen Sie die Grossbuchstaben ein.
2.1   **Zurzeit** liest sie das **Buch** «**Ein** fliehendes **Pferd**» von **Martin Walser.**
2.2   Nun ist es bekannt: **Die Ursache** des **Unfalls** war ein **Defekt** an den **Bremsen.**
2.3   Die **Kanarischen Inseln** gehören zu **Spanien** und liegen im **Atlantischen Ozean.**
2.4   Von 1756–63 tobte zwischen **Frankreich** und **England** der **Siebenjährige Krieg.**
2.5   Nach langem **Hin** und **Her** hat die **Genfer Regierung** zugestimmt.
2.6   In diesem **Raum** ist das **Rauchen** seit **kurzem/Kurzem** untersagt.
2.7   Im **Voraus** kann man nie wissen, welche **Überraschungen** das neue **Jahr** bringt.
2.8   Auch bei der zweiten **Durchsuchung** hat man nichts **Neues** herausgefunden.
2.9   In den **Schweizer Alpen** kann man allerlei **Schönes** entdecken.
2.10   Heute **Nachmittag** hat mir mein **Chef** das **Du** angeboten.
2.11   Sie war die **Einzige**, die alle **anderen/Anderen** am **Schluss** noch überholen konnte.
2.12   Nun müssen alle diesen englischen **Text** ins **Deutsche** übersetzen.
2.13   Er stürzte beim **Laufen** schwer und war aufs **Schlimmste** gefasst.
2.14   Im **Grossen** und **Ganzen** wurde an der **Sitzung** nur das bereits **Bekannte** gesagt.
2.15   Wer bei **Rot** die **Strasse** überquert, bringt sich unnötig in **Gefahr.**

Übung 3

Schreiben Sie diesen Brief in korrekter Gross- und Kleinschreibung ab.

Liebe Frau Zumsteg

Herzliche Gratulation! Sie haben bei unserem Wettbewerb «Der goldene Einkaufskorb» gewonnen. Zwar können wir Ihnen nicht den ersten Preis im Wert von 100 000 Franken überreichen, doch sicher werden Sie sich auch über den 100-Franken-Warengutschein freuen. Diesen können Sie ab Montag, 24. Juni, bei allen Filialen unserer Handelskette einlösen. Beachten Sie bitte bei Ihrem nächsten Einkauf auch die attraktiven Sonderaktionen, die wir bis auf weiteres/Weiteres in unseren Läden anbieten.

Wir freuen uns, Sie auch weiterhin zu unseren treuen Kundinnen zählen zu dürfen, und wünschen Ihnen noch mehr Glück bei unserer zweiten Verlosung von Mitte Oktober.

Es grüsst Sie freundlich

Sandra Fortuna
Leiterin Marketing

Nicht vergessen: Individuelle Wörterliste nachführen!

Kleinschreibung

Übung 1

Verfassen Sie zu jeder der acht Regeln auf Seite 76 einen kurzen Satz, in welchem mindestens eine Form der Kleinschreibung vorkommt. Diktieren Sie dann einander diese Sätze. Kontrollieren Sie die Rechtschreibung und korrigieren Sie, wenn nötig.

Individuelle Lösungen

Übung 2

Setzen Sie die Grossbuchstaben ein.

2.1 Es sind leider meistens nur **wenige/Wenige**, die sich für das **Gute** in der **Welt** einsetzen.

2.2 Der **Vermisste** konnte dank eines **Hinweises** gestern geborgen werden.

2.3 Das **Geschäft** bleibt montags und seit **kurzem/Kurzem** auch am **Samstag** geschlossen.

2.4 Sie ist mit **Abstand** die zuverlässigste meiner **Arbeitskolleginnen**.

2.5 Die **Firma** gibt heute **Nachmittag** die **Namen** der neuen **Konzernleitung** preis.

2.6 Die beiden sind seit ihrem grossen **Erfolg** durch dick und dünn gegangen.

2.7 Die neuen sind bei **weitem/Weitem** besser bezahlt als die bisherigen **Angestellten**.

2.8 Zuerst müssen diese beiden **Vorwürfe** schwarz auf weiss bewiesen werden.

2.9 Die **wenigsten/Wenigsten** wissen, dass diese **Route** die steilste und gefährlichste ist.

2.10 Nun musst du bis auf **weiteres/Weiteres** mit dem alten **Motorrad** vorliebnehmen.

2.11 Die **Gruppe** hatte anfangs grosse **Probleme** mit dem tropischen **Klima**.

2.12 Alles **andere/Andere** werden die **Leiter Anfang** kommender **Woche** bekannt geben.

2.13 Mit diesem **Konzept** streben wir etwas ganz **anderes/Anderes**, etwas völlig **Neues** an.

2.14 Der **eine/Eine** oder **andere/Andere** hat von diesem **Seminar** sicher etwas ganz **anderes/Anderes** erwartet.

2.15 Wenn jemand so etwas **Schreckliches** erlebt, sieht er alles in einem anderen **Licht**.

Übung 3

Schreiben Sie diesen Brief in korrekter Gross- und Kleinschreibung ab.
(Statt du/dir/euch … auch Du/Dir/Euch … möglich.)

Hallo Claudia

Bitte entschuldige, dass ich so lange nichts von mir hören liess. Der Grund ist einfach: Ich war für vier Wochen im Ausland und habe deine beiden Briefe erst letzte Woche geöffnet. Schön, dass du nun eine neue Stelle gefunden hast; die alte hat ja wirklich nicht deinen Fähigkeiten und Bedürfnissen entsprochen. Durch deinen Umzug hast du in Zukunft einen viel kürzeren Arbeitsweg, was einiges an Reisezeit erspart. Und sicher ist für dich auch wichtig, dass ihr beide, du und dein Freund Pascal, euch nun wieder öfters sehen könnt.
Bei mir bleibt vorerst alles beim Alten, das heisst, ich bleibe sicher noch ein paar Jahre bei der jetzigen Firma. Ab Anfang September besuche ich jeweils dienstags einen weiteren Ausbildungskurs in Marketing; dieser dauert noch bis Ende Jahr. Danach habe ich wieder ein wenig mehr Zeit für mein Privatleben. Ich möchte dann endlich mit dem Tanzkurs (Tango) fortfahren. Es ist zu befürchten, dass ich nochmals ganz von vorne beginnen muss, denn leider habe ich vom ersten Kurs das meiste/Meiste verlernt. Schade!
Ich freue mich, schon bald von dir zu hören, und grüsse dich aufs herzlichste/Herzlichste.

Sandra

Nicht vergessen: Individuelle Wörterliste nachführen!

Prädikat und Subjekt

Übung 1

Bilden Sie mit den gegebenen Wörtern je einen Satz nach folgenden Vorgaben.

Wörter: Menschen, glauben, Leben, Tod, nach, ein/einen, viele, dem, an

a) grammatisch korrekt, inhaltlich sinnlos: **z.B. Viele Menschen glauben an einen Tod nach dem Leben.**

b) grammatisch und inhaltlich falsch: **z.B. Nach Tod viele Menschen glaubt der Leben.**

c) grammatisch und inhaltlich korrekt: **z.B. Viele Menschen glauben an ein Leben nach dem Tod.**

Fazit: Ein Satz ist ein sprachliches Gebilde mit einer bestimmten grammatischen Struktur und beinhaltet in der Regel eine inhaltlich korrekte und logische Aussage.

Übung 2

Schreiben Sie drei Varianten des vorgegebenen Satzes, indem Sie die einzelnen Teile umstellen.

Satz: Die Gutscheine können noch bis Ende Monat an allen Kiosken eingelöst werden.

a) Beispiel: An allen Kiosken <u>können</u> **die Gutscheine** noch bis Ende Monat <u>eingelöst werden</u>.

b) Beispiel: Noch bis Ende Monat <u>können</u> **die Gutscheine** an allen Kiosken <u>eingelöst werden</u>.

c) Beispiel: <u>Eingelöst werden können</u> **die Gutscheine** noch bis Ende Monat an allen Kiosken.

Unterstreichen Sie mit unterschiedlichen Farben die <u>Teile des Prädikats</u> und des **Subjekts**.

Übung 3

Unterstreichen Sie *Subjekt* und <u>Prädikat</u> und markieren Sie die Position des **konjugierten Prädikatteils**.

3.1 *Das Spiel* **wird** in wenigen Minuten <u>beginnen</u>.

3.2 *Der verletzte Spieler* **kam** nach zehn Minuten wieder aufs Spielfeld <u>zurück</u>.

3.3 *Die erste Halbzeit* **hat** die hohen Erwartungen nicht <u>erfüllen können</u>.

3.4 Schliesslich **wurde** *das Spiel* durch einen Strafstoss <u>entschieden</u>.

3.5 Trotz des aggressiven Spiels **ist** *das Publikum* relativ ruhig <u>geblieben</u>.

Übung 4

Unterstreichen Sie das **Subjekt** als Ganzes.

4.1 **Die meisten Besucherinnen und Besucher** waren von der Vorstellung enttäuscht.

4.2 **Dies** lag unter anderem an der schwachen Leistung des neuen Orchesters.

4.3 Den entscheidenden Schwachpunkt bildete jedoch **die wenig durchdachte Inszenierung**.

4.4 **Dass das Stück lange auf dem Spielplan bleiben wird**, muss bezweifelt werden.

4.5 **Man** kann nur hoffen, dass **die nächste Produktion des Hauses** erfolgreicher sein wird.

Übung 5

5.1 **Lösungsvorschläge:**

Das ist schade. Ich wünsche Ihnen/dir viel Spass. Endlich bist du hier. Bald haben wir es geschafft. Wie meinen Sie das bitte? Rennen Sie sofort weg! Ich wünsche Ihnen/dir einen guten Tag. Sie sind/Du bist auch hier? Wir haben gewonnen! Leider bist du zu spät. Bitte seid ruhig. Ab heute ist das Geschäft geöffnet. Wir möchten nie wieder Streit miteinander. Ich danke Ihnen/dir. Ist Ihnen/dir alles klar?

5.2 Verfassen Sie einen kurzen Dialog, der mehrheitlich aus Ellipsen besteht.

Individuelle Lösung

Objekte

Übung 1

Bauen Sie die gegebene Ellipse in mind. 6 Stufen aus, analog dem Beispiel «Danke!» auf Seite 80.
Individuelle Lösungen

1.   Halt!
2.   ....
3.   ....
4.   ....
5.   ....
6.   ....

Übung 2

Unterstreichen Sie bei Ihren Sätzen in Übung 1 mit unterschiedlichen Farben: Prädikat, Subjekt, Objekte.

Übung 3

Unterstreichen Sie Prädikat und Subjekt und bestimmen Sie die **Objekte** genau.
3.1   Ich werde **dich** (Akkusativ-Objekt) in ein paar Tagen besuchen.
3.2   Schon bald werden wir **mit unseren Freunden aus England** (präp. Objekt) in die Ferien fahren.
3.3   Wir können uns **seines Besuches in der Schweiz** (Genitiv-Objekt) gut erinnern.
3.4   Ihre Grosseltern haben stets **auf gute Ernährung** (präp. Objekt) geachtet.
3.5   Viele von uns sind sich **der grossen Risiken beim Autofahren** (Genitiv-Objekt) nicht bewusst.
3.6   Vor dem Einschlafen erzählte die Mutter **ihren Kindern** (Dativ-Objekt) jeweils **eine Geschichte.**
      (Akkusativ-Objekt)
3.7   Verzweifelt suchte das Expeditionsteam stundenlang **den Höhlenausgang.** (Akkusativ-Objekt)
3.8   Niemand sollte sich **über die zunehmende Gewaltbereitschaft** (präp. Objekt) wundern.
3.9   Er ist **von uns** (präp. Objekt) **vor einem plötzlichen Börsenabsturz** (präp. Objekt) gewarnt worden.
3.10 Hast du **diese teure Uhr** (Akkusativ-Objekt) **deiner Tochter** (Dativ-Objekt) geschenkt?

Übung 4

Präpositionales Objekt oder Adverbiale?
4.1   Wir freuen uns sehr über deinen Besuch in der Schweiz. **(sich freuen über = präp. Objekt)**
4.2   Die Polizei stoppte den Autofahrer vor der Ampel. **(wo gestoppt? = Adverbiale des Ortes)**
4.3   Sie fürchtet sich noch immer vor Spinnen. **(sich fürchten vor = präp. Objekt)**
4.4   Viele Leute klagen über Kopfschmerzen bei Föhnwetter. **(klagen über = präp. Objekt)**
4.5   Wegen den Staus fahren immer weniger Menschen über Ostern weg. **(wann? Adv. der Zeit)**
4.6   Wir rechnen fest mit der Unterstützung der ganzen Familie. **(rechnen mit = präp. Objekt)**
4.7   Diese Aufgabe rechnen Sie am besten mit dem Taschenrechner. **(wie? = Adv. Art und Weise)**
4.8   Wenden Sie sich bitte an den Kundendienst. **(sich wenden an = präp. Objekt)**
4.9   Sie erkundigte sich nach seinem Gesundheitszustand. **(sich erkundigen nach = präp. Objekt)**
4.10 Bis spät in die Nacht hinein suchte die Feuerwehr nach Opfern. **(suchen nach = präp. Objekt)**
4.11 Mein Cousin Felix verliebte sich in eine junge Amerikanerin. **(sich verlieben in = präp. Objekt)**
4.12 Klaus verliebte sich in den Ferien **(wo/wann? = Adv. des Ortes/der Zeit)** in Maria. **(sich verlieben
      in = präp. Objekt)**

Adverbialien und Attribute

Übung 1

Bestimmen Sie die adverbialen Ergänzungen.

1.1 <u>Fassungslos</u> **(wie?, Adv. Art und Weise)** stehen die geretteten Seeleute <u>am Ufer.</u> **(wo?, Adv. Ort)**

1.2 <u>Noch</u> <u>vor</u> <u>zwei</u> <u>Stunden</u> **(wann?, Adv. Zeit)** haben sie <u>verzweifelt</u> **(wie?, Adv. Art und Weise)** um ihr Leben gekämpft.

1.3 Ihr Schiff hatte <u>bis</u> <u>heute</u> **(wann?, Adv. Zeit)** so manchen Sturm <u>unbeschadet</u> **(wie? Adv. Art und Weise)** überstanden.

1.4 <u>Wegen</u> <u>des</u> <u>extrem</u> <u>hohen</u> <u>Wellengangs</u> **(weshalb?, Adv. Grund)** reduzierte man die Geschwindigkeit.

1.5 <u>Trotz</u> <u>dieser</u> <u>Massnahme</u> **(weshalb?, Adv. Grund)** konnte das Unglück nicht verhindert werden.

1.6 <u>Zum Glück</u> **(wie?, Adv. Art und Weise)** trafen <u>innerhalb</u> <u>von</u> <u>zehn</u> <u>Minuten</u> **(Wann?, Adv. Zeit)** die Rettungshelikopter ein.

1.7 <u>Nun</u> **(wann?, Adv. Zeit)** macht man sich grosse Sorgen um die vier vermissten Kameraden.

1.8 Man hofft, sie <u>noch</u> <u>diesen</u> <u>Abend</u> **(wann?, Adv. Zeit)** <u>im</u> <u>Umkreis</u> <u>des</u> <u>Schiffes</u> **(wo?, Adv. Ort)** zu finden.

Übung 2

Unterstreichen und bestimmen Sie die Adverbialien.

2.1 Er erhielt eine Strafe <u>wegen</u> <u>eines</u> <u>Ladendiebstahls.</u> **(weshalb?, Adv. Grund)**

2.2 Sie verreiste <u>zur Erholung</u> **(weshalb?, Adv. Grund)** <u>an die Nordsee.</u> **(wohin?, Adv. Ort)**

2.3 <u>Schon</u> <u>bald</u> **(wann?, Adv. Zeit)** zeigten sich die ersten Schäden **am Haus. (Wo?, Adv. Ort)**

2.4 <u>In</u> <u>zwei</u> <u>Stunden</u> **(wann?, Adv. Zeit)** können wir uns <u>vor</u> <u>dem</u> <u>Stadion</u> **(wo?, Adv. Ort)** treffen.

2.5 <u>Unter</u> <u>diesen</u> <u>Umständen</u> **(Adv. Grund)** ziehen wir unseren Antrag <u>sofort</u> **(wann?, Adv. Zeit)** zurück.

2.6 Wir haben uns über deinen Sieg <u>ausserordentlich</u> **(wie?, Adv. Art und Weise)** gefreut.

2.7 <u>Seit</u> <u>wann</u> **(Adv. Zeit)** wohnt ihre Tochter <u>nicht</u> <u>mehr</u> **(wie?, Adv. Art und Weise) zu Hause? (Wo?, Adv. Ort)**

2.8 <u>Schon</u> <u>bald</u> **(wann?, Adv. Zeit)** sollten wir dieses Kapitel <u>erfolgreich</u> **(wie?, Adv. Art und Weise)** abschliessen können.

Übung 3

Setzen Sie die korrekte Apposition ein.

3.1 Mit Frau Weiss, **der neuen Marketingleiterin**, verstehe ich mich sehr gut.

3.2 Gestern traf ich Herrn Schwarz, **unseren ehemaligen Schulleiter.**

3.3 Herrn Braun, **dem jüngsten Abteilungsleiter**, wurde gekündigt.

3.4 Nach Meinung Herrn Rots, **eines erfahrenen Finanzexperten**, wird sich die Krise in der Versicherungsbranche noch verschärfen.

3.5 Uns, **den Lehrlingen im ersten Lehrjahr**, traut man noch nicht allzu viel zu.

3.6 Das ist der Arbeitsplatz Herrn Meyers, **des neuen Verlagsleiters**.

3.7 Immer am Mittwoch, **meinem freien Tag**, erledige ich die Hausarbeiten.

3.8 Die Träger brachten alles Material ins Versorgungslager A, **den wichtigsten Stützpunkt der Expedition**.

Satzglieder abgrenzen und bestimmen

Satzlehre ›

Übung 1

Schreiben Sie von folgenden Sätzen stilistisch vertretbare Varianten und bestimmen Sie die Anzahl der Satzglieder.

Satz A: Du **(Subjekt)** hast **(Prädikat)** mir **(Dativ-Objekt)** mit deiner Hilfe **(Adverbiale der Art und Weise)** einen grossen Dienst **(Akkusativ-Objekt)** erwiesen **(Prädikat)**. **Vier Satzglieder**

Variante 1: **Mit deiner Hilfe hast du mir einen grossen Dienst erwiesen.**

Variante 2: **Einen grossen Dienst hast du mir mit deiner Hilfe erwiesen.**

Satz B: Das fünfjährige Kind **(Subjekt)** erzählte **(Prädikat)** uns **(Dativ-Objekt)** gestern **(Adverbiale der Zeit)** auf eindrückliche Weise **(Adverbiale der Art und Weise)** seine Beobachtungen des Geschehens **(Akkusativ-Objekt)**. **Sechs Satzglieder**

Variante 1: **Auf eindrückliche Weise erzählte uns gestern das fünfjährige Kind seine Beobachtungen des Geschehens.**

Variante 2: **Gestern erzählte uns das fünfjährige Kind auf eindrückliche Weise seine Beobachtungen des Geschehens.**

Variante 3: **Seine Beobachtungen des Geschehens erzählte uns gestern das fünfjährige Kind auf eindrückliche Weise.**

Übung 2

Bestimmen Sie die Satzglieder in den Sätzen A und B der Übung 1. **Lösungen siehe oben.**

Übung 3

Grenzen Sie mit der Verschiebeprobe die einzelnen Satzglieder ab und bestimmen Sie diese anschliessend so genau wie möglich. Unterstreichen Sie zudem die Attribute.

3.1   Ein <u>hilfsbereiter</u> Autofahrer **(Subjekt)** fuhr **(Prädikat)** das Unfallopfer **(Akkusativ-Objekt)** sofort **(Adv. Zeit)** ins <u>nahe gelegene</u> Spital **(Adv. Ort)**.

3.2   Dort **(Adv. Ort)** musste **(Prädikat)** die <u>schwer verletzte junge</u> Frau **(Subjekt)** umgehend **(Adv. Zeit)** operiert werden **(Prädikat)**.

3.3   Nach der <u>mehrstündigen</u> Operation **(Adv. Zeit)** waren **(Prädikat)** die Ärzte **(Subjekt)** für den Heilungsprozess **(präp. Objekt)** <u>sehr</u> zuversichtlich **(adverbiale Ergänzung)**.

3.4   Zur <u>grossen</u> Überraschung <u>aller</u> **(Adv. Art und Weise)** konnte **(Prädikat)** die Frau **(Subjekt)** <u>bereits</u> nach <u>zehn</u> Tagen **(Adv. Zeit)** das Spital **(Akkusativ-Objekt)** verlassen **(Prädikat)**.

3.5   In der Gerichtsverhandlung **(Adv. Ort)** musste **(Prädikat)** sie **(Subjekt)** über den Unfallhergang **(präp. Objekt)** <u>eingehend</u> **(Adv. Art und Weise)** Auskunft **(Akkusativ-Objekt)** geben **(Prädikat)**.

3.6   Die <u>erst</u> 20-Jährige **(Subjekt)** hatte sich **(Prädikat)** zum Glück **(Adv. Art und Weise)** den <u>ganzen</u> Tag vor dem Unfall (Adv. Zeit) <u>jeglichen</u> Alkoholkonsums **(Genitiv-Objekt)** enthalten **(Prädikat)**.

3.7   Nach der <u>relativ kurzen</u> Verhandlung **(Adv. Zeit)** liess **(Prädikat)** sie **(Subjekt)** sich **(zum Prädikat)** mit einem Taxi **(Adv. Art und Weise)** zu ihren Eltern **(Adv. Ort)** fahren **(Prädikat)**.

3.8   Die <u>genauen</u> Ursachen <u>für diesen Selbstunfall</u> **(Subjekt)** liegen **(Prädikat)** bis heute **(Adv. Zeit)** im Dunkeln **(Adv. Ort)**.

Übung 4

Schreiben Sie nun selber ein paar Sätze auf und lassen Sie die Satzglieder bestimmen.
Hinweis: Beschränken Sie sich auf eher einfache Hauptsätze; verzichten Sie auf Nebensätze.
Individuelle Lösungen

Kongruenz Subjekt und Prädikat

Übung 1

Ist es eine Einheit oder sind es zwei Dinge?

1.1 Gross und Klein **stand**/standen am Strassenrand und **winkte**/winkten.

1.2 In der Zeit der Anarchie **herrschte/herrschten** Mord und Totschlag.

1.3 An schönen Tagen **wird**/werden Kind und Kegel ins Auto geladen.

1.4 Aprikose und Pfirsich gehört/**gehören** zum Steinobst.

1.5 Am frühen Morgen **führte**/führten eine Schnee- und Eisglätte zu mehreren Unfällen.

1.6 Am frühen Morgen führte/**führten** Schnee und eine Eisglätte zu mehreren Unfällen.

Übung 2

Mengenangaben

2.1 Eine Schachtel Streichhölzer **lag**/lagen auf dem Tisch.

2.2 Fünf Tonnen Schrott lagert/**lagern** im Hinterhof.

2.3 Fünf Meter Schnur wird/**werden** dazu gebraucht.

2.4 Ein Dutzend Crèmeschnitten **bildete**/bildeten das Dessert.

2.5 Drei Liter Milch ist/**sind** viel zu viel.

2.6 Wie viel **ist**/sind 13 x 13?

2.7 $\frac{1}{4}$ der Kosten **entfällt**/entfallen auf Reparaturen.

2.8 Rund 40 % der Schadensumme ist/**sind** durch die Versicherung nicht gedeckt.

Übung 3

Konjunktionen

3.1 Sowohl Französisch als auch Englisch wird/**werden** geprüft.

3.2 Spanisch oder Russisch **kann**/können als Freifach gewählt werden.

3.3 Nicht nur das Haus, sondern auch der angebaute Stall **brannte**/brannten nieder.

3.4 Weder er noch seine Schwester **wusste/wussten** Bescheid.

3.5 Der Präsident bzw. sein Stellvertreter **leitet**/leiten die Sitzungen des Ausschusses.

3.6 Entweder Militärdienst oder Zivildienst **muss**/müssen geleistet werden.

Übung 4

Setzen Sie die korrekte Verbform ein.

4.1 Die SBB (haben) **haben** ihn als Lokomotivführer eingestellt.

4.2 Die Hälfte der Teilnehmer (nehmen) **nimmt** als Amateure am Wettkampf teil, die andere Hälfte (sein) **sind** Profis.

4.3 Nachdem die Bergbahnen Hochwang AG ihn entlassen **hatte, stellten** ihn die SBB ein.

4.4 Die Hälfte der Anwesenden (wehren) **wehrte** sich gegen den Plan.

4.5 Ein Drittel der Arbeiter (sein) **ist** in Gewerkschaften organisiert.

4.6 Eine Gruppe von japanischen Geschäftsleuten (sitzen) **sitzt** am Tisch.

4.7 Ein Mann mit seinem Hund (kommen) **kommt** gelaufen.

4.8 Entweder Herr Sommer oder Herr Winter (werden) **wird** Sie zu einer Aussprache empfangen.

4.9 Im Sport (spielen) **spielen** Fairness und natürlich auch Geld eine wichtige Rolle.

4.10 Der abtretende sowie der neu gewählte Präsident (nehmen) **nehmen** an der Sitzung teil.

Hauptsatz und Nebensatz

> Satzlehre

Übung 1

Schreiben Sie den folgenden Satz so, dass er jedesmal mit einem anderen Satzteil beginnt. In jedes Feld kommt jeweils ein Satzteil.

Ich	traf	gestern	zufällig	Ursula	am Bahnhof.
Gestern	**traf**	**ich**	**zufällig**	**Ursula**	**am Bahnhof.**
Zufällig	**traf**	**ich**	**gestern**	**Ursula**	**am Bahnhof.**
Ursula	**traf**	**ich**	**gestern**	**zufällig**	**am Bahnhof.**
Am Bahnhof	**traf**	**ich**	**gestern**	**zufällig**	**Ursula.**

Bei diesen Sätzen handelt es sich jedesmal um **Hauptsätze**, denn **das Verb steht immer an zweiter Stelle.** (Zudem handelt sich um selbstständige Sätze.)

Übung 2

Bilden Sie sechs verschiedene eigene Sätze. In die graue Fläche kommt jeweils der verlangte Satzteil. Ergänzen Sie nach Belieben mit möglichst vielen weiteren Satzteilen wie im Beispiel. **Lösungsvorschläge:**

Bsp.	Subjekt	Ursula	schrieb	uns	letzthin	aus Paris	eine Karte.
2.1	Dativobjekt	Ihm	helfe	ich	häufig	im Garten.	
2.2	Adv. Zeit	Morgen	fahren	wir	mit dem Zug	nach Rom.	
2.3	Adv. Art u. Weise	Gerne	stehe	ich	Ihnen	für Auskünfte	zur Verfügung.
2.4	Subjekt	Peter	zeigte	uns	gestern	sein Büro	im Neubau.
2.5	Akkusativobjekt	Einen Tee	nähme	ich	jetzt	gerne.	
2.6	Adv. Ort	Dort drüben	sitzt	schon lange	eine Frau	auf der Bank	in der Sonne.

Übung 3

Diktieren Sie einem Nachbarn den einen oder anderen Satz aus Ihrer Übung 2. Geben Sie anschliessend den Hinweis, mit welchem anderen Satzteil begonnen werden soll, z.B. «Fange nun mit dem Adverbiale der Zeit an».
Individuelle Lösungen

Übung 4

Bestimmen Sie **Hauptsätze** und Nebensätze.

4.1 **Ich frage mich,** ob er die ganze Arbeit wirklich bis übermorgen erledigen kann.

4.2 Damit ihr den Weg besser findet, **legen wir einen kleinen Plan bei.**

4.3 **Eine Entschädigung wird nicht ausbezahlt,** wenn der Schaden absichtlich verursacht worden ist.

4.4 Bis er den Diebstahl bemerkte, **war der Dieb schon längst verschwunden.**

4.5 **Nichts von dem,** was er versprochen hat, **hat er gehalten.**

4.6 Wer andern eine Grube gräbt, **fällt selbst hinein.**

4.7 **Wir müssen das Vorhaben aufgeben,** falls sich die Situation nicht rasch bessert.

4.8 **Ich wollte mit Frau Roth sprechen, aber sie war bereits nach Hause gegangen.**

4.9 Wenn er kommt, bevor wir fertig sind, **wird er glauben,** dass wir getrödelt haben.

4.10 **Schulstunden,** die versäumt werden, **werden nur entschuldigt,** wenn triftige Gründe vorliegen.

4.11 **Das muss mein Arbeitsbuch sein, denn ich habe es hier liegen lassen,** und **zudem steht mein Name drauf.**

4.12 **Weisst du,** was dein Kollege sagt, wenn er sieht, dass du ihm schon wieder das Heft weggenommen hast, damit du die Aufgaben abschreiben kannst, weil du sie selber nicht machen wolltest?

Satzverbindung/Satzgefüge/ Ellipse

Übung 1

Bestimmen Sie: Satzverbindung **(SV)**, Satzgefüge **(SG)** oder Einfacher Satz **(ES)**?

1.1 Jedes Kind kann einen Floh töten, aber kein noch so gescheiter Mensch kann einen Floh erschaffen. **(SV)**

1.2 Wenn etwas schief gehen kann, wird es schief gehen. (Murphys Gesetz) **(SG)**

1.3 Ein Küsschen in Ehren kann niemand verwehren. **(ES)**

1.4 Quäle nie ein Tier zum Scherz, denn es fühlt wie du den Schmerz. **(SV)**

1.5 Je höher man steigt, desto tiefer fällt man. **(SG)**

1.6 Wie man in den Wald ruft, so tönt es zurück. **(SG)**

Übung 2

Setzen Sie passende Konjunktionen ein und kennzeichnen Sie jeweils Hauptsatz **(HS)** und Nebensatz **(NS)**.

2.1 **Obwohl** der Preis hoch angesetzt ist, verkauft sich der Artikel gut. **(NS/HS)**

2.2 Wir wissen nicht, **ob** alles so klappt, **wie** wir es wünschen. **(HS/NS/NS)**

2.3 **Damit** wir uns zurechtfinden, nehmen wir einen Stadtplan mit. **(NS/HS)**

2.4 Wir fuhren los, **als/nachdem** alles Gepäck eingeladen worden war. **(HS/NS)**

Übung 3

Formen Sie den farbigen Satzteil zu einem ganzen Nebensatz um.

Beispiel: Wir warten auf die Abfahrt des Zuges. > Wir warten, bis der Zug abfährt.

3.1 Wir können **wegen des Stromausfalls** nicht kochen.

   ... weil der Strom ausgefallen ist.

3.2 Ein **zufällig anwesender** Arzt leistete erste Hilfe.

   Ein Arzt, der zufällig anwesend war, ...

3.3 **Vor dem Verlassen des Raumes** müssen die Fenster geschlossen werden.

   Bevor der Raum verlassen wird, ...

3.4 Die Spieler waren stolz **trotz der Niederlage.**

   ... obwohl sie das Spiel verloren hatten/obwohl es eine Niederlage abgesetzt hatte.

3.5 Wir lernen die Wörter **durch gegenseitiges Abfragen.**

   ... indem wir einander abfragen.

Übung 4

Verkürzen Sie zu Ellipsen. Beispiel: ~~Sie müssen nur~~ heisses Wasser darübergiessen und ~~die Mahlzeit ist~~ fertig.

4.1 ~~Be~~**Vor** ~~Sie mit~~ **dem Öffnen des Gerätes** ~~beginnen, sollten Sie den~~ **Stecker** ~~aus der Steckdose~~ **ziehen**.

4.2 ~~Sie sind gebeten, den~~ **Lift nicht** ~~zu~~ **überladen,** ~~sonst besteht~~ **Blockierungsgefahr**.

4.3 ~~Machen Sie~~ **Ferien im Wallis,** ~~das ist~~ **ein garantierter Genuss** ~~für Sie~~!

4.4 ~~Es ist ein~~ **Kind entführt** ~~worden.~~ ~~Die~~ **Entführer fordern** ~~von den Eltern~~ **hohes Lösegeld**.

Übung 5

Suchen Sie in Zeitungen Beispiele für den Ellipsen-Stil (z.B. Überschriften und Schlagzeilen).
Erweitern Sie diese Beispiele wieder zu vollständigen Sätzen.

Individuelle Beispiele

Relativsatz

Übung 1

Setzen Sie Relativpronomen ein.

1.1 Ist das die Kundin, **der/welcher** du gestern geschrieben hast?

1.2 Er gehört auch zu den Leuten, **denen/welchen** gekündigt wurde.

1.3 Das ist eine von drei Flaschen, **die/welche** sich im Geschenkkorb befand**en**.

1.4 Die Präsentation, **die/welche** ich vorbereitet hatte, gefiel den Anwesenden gut.

1.5 Die neue Aufgabe, **der/welcher** ich mich zuerst nicht gewachsen fühlte, stellte sich als viel leichter heraus, **was** mir neuen Mut machte.

1.6 Dieses Kleid ist das teuerste, **das/welches** ich je gekauft habe.

1.7 Viele Wanderer, **denen/welchen** wir begegneten, grüssten uns freundlich.

1.8 Es gibt noch vieles, **was** mich interessiert.

1.9 Das ist die Kollegin, **deren** Auto gestern gestohlen wurde.

1.10 Das Interessanteste, **was** ich in den Ferien gesehen habe, war das Vikinger-Museum in York.

1.11 Mofas, **deren** Motoren lärmen, gehen mir auf die Nerven.

1.12 (Aus der Zeitung:) Er ist einer von drei mutmasslichen Terroristen, **die/welche** sich zuletzt vor allem in Hamburg aufhielt**en**.

Übung 2

Setzen Sie Relativpronomen und Präposition (getrennt oder verbunden) ein.

2.1 Das ist etwas, **wovon** ich mir keine Vorstellung machen kann.

2.2 Die wichtigste Aufgabe, **um die/welche** er sich kümmert, ist die Betreuung der Reklamationen unzufriedener Kunden.

2.3 Sie ist eine Lehrerin, **bei/von der/welcher** ich viel gelernt habe.

2.4 Es ist doch nur eine Kleinigkeit, **über die/welche** du dich so ärgerst.

2.5 Die Leute, mit **denen/welchen** ich zusammenarbeite, sind alle sehr nett.

2.6 Ein Sechser im Lotto ist etwas, **wovon** viele Leute träumen.

2.7 Das ist einer von mehreren Begriffen, **unter denen/welchen** ich mir nichts Konkretes vorstellen kann.

2.8 Er hat 1000 Franken zurückbezahlt, **womit** seine Schulden beglichen sind.

2.9 Die Schmiergeldaffäre, **über die/welche** er gestolpert ist, hat ihn sein Amt gekostet.

2.10 Es gibt nichts, **wofür** ihr euch entschuldigen müsstet.

Übung 3

Verbessern Sie folgende Sätze, indem Sie **nicht** mit dem Relativsatz beginnen.

3.1 **Es fällt mir immer wieder auf, wie freundlich die Leute sind.**

3.2 **Seine unordentliche Art, sich zu kleiden, macht einen schlechten Eindruck.**

3.3 **Die grauen Betonwände sehen leider trist aus.**

3.4 **Man stellt sofort fest, wie hell die Büros wirken.**

3.5 **Ich ärgere mich jedesmal, dass er, der nur Forderungen stellt, selber nichts zur Lösung des Problems beitragen will.**

Übung 4

Suchen Sie aus einem Zeitungsartikel oder einem Buch zehn Relativsätze.
Individuelle Lösungen

Konjunktionalsatz

Übung 1

Unterstreichen Sie im folgenden Text alle Konjunktionalsätze. Wie viele finden Sie? **> 20**

Sibylle Rapp: Das rote Spielzeugauto, 1979

Ich ärgerte mich das erste Mal in meinem Leben, **kurz nachdem ich das Licht dieser Welt in Form einer Neonlampe erblickt und der Arzt meiner Mutter mit freundlichem Lächeln mitgeteilt hatte, dass ihr Drittgeborenes ein Mädchen sei.** Mein Ohr war hellwach. **Wenn es auch klein, geknickt, verklebt und allenfalls als niedlich zu bezeichnen war,** nahm es dennoch jene für mich so wichtige Parole auf. **Da ich meinen Chromosomensatz nicht rückgängig machen konnte,** beschloss ich, die Hindernisse, die durch mein Geschlecht bedingt sind, sanft, aber mit Nachdruck aus dem Wege zu räumen.

Meine ersten Räumungsarbeiten begann ich mit zwei Jahren, **indem ich meine Puppe aus dem Fenster schmiss,** um mit dem kleinen roten Auto meines Bruders zu spielen. Zu meiner Verwunderung gefiel meinem Bruder die arme misshandelte Puppe mit den blauen Kulleraugen und dem seidigen Haar so sehr, **dass er sie zwecks weiterer Verwendung wieder in das Kinderzimmer einschleuste.**

Da die altmodische Vorstellung, dass Mädchen Hausarbeit verrichten mussten, weil Jungen sie weder bewältigen möchten noch können, schon von meiner älteren Schwester mit überzeugenden Gegenargumenten bei uns zu Hause vernichtet worden war, hatte ich dort in dieser Beziehung keine Schwierigkeiten. Die gab es dafür in der Schule, **als z. B. unser Chemielehrer beim Wasserkochen – nicht aus Provokation, sondern aus Überzeugung heraus – verkündete, dass jetzt besonders die Mädchen aufpassen sollten, damit sie später die nötigen Voraussetzungen zum Kaffeekochen besässen.** Dann wurde uns im Sozialkundeunterricht beigebracht, **dass in Artikel 3 der Grundrechte steht:** «Gleichheit aller vor dem Gesetz – Gleichberechtigung der Frau.»

Dies wirkte auf mich natürlich sehr überzeugend, **besonders nachdem ich ein Berufsinformationsheftchen über das Auswärtige Amt gelesen hatte,** in dem unter anderem stand, **dass eine Frau kaum Chancen hat,** angenommen zu werden.

Nachdem ich mit Erfolg mein Abitur bestanden hatte und vom Auswärtigen Amt trotz überzeugender Leistungen abgewiesen worden war (mit dem Argument, **dass sich eine kostspielige Ausbildung nicht lohnt, weil ich eines Tages heiraten, Kinder kriegen und dann bis ans Lebensende an den Kochtopf gefesselt sein werde),** entschied ich mich für eine Banklehre, an die ich noch das Betriebswirtschaftsstudium anhängte.

Ich wurde sofort nach dem mündlichen Vorstellungsgespräch und dem Vorzeigen meiner mehr als zufriedenstellenden Zeugnisse und Examina bei einer bekannten Firma angenommen, doch erhielt ich nach vielen Jahren Arbeit und trotz andauernder Bemühungen nie eine führende Position, **da sich das psychologisch ungünstig auf das Betriebsklima auswirken würde.** Ausserdem hat ein Mann keinen Respekt vor einem weiblichen Vorgesetzten.

So blieb mir eines Tages doch nichts anderes übrig, als zu heiraten, Kinder zu kriegen und mir vor dem Kochtopf zu überlegen, warum unser Staat so stolz auf seine Grundrechte ist.

Aber warum sollte ich mich beschweren? Uns geht es finanziell gut, meine Kinder und mein Mann lieben mich, und Putzen, Einkaufen usw. sind doch sehr ausfüllende und befriedigende Beschäftigungen.

Und wenn ich meinen sonntäglichen Besuch bei meinen Eltern antrete und ihnen stolz erzähle, zu was ich es gebracht habe, erzählen sie mir zum hunderteinundfünfzigsten Mal die Geschichte von dem roten Spielzeugauto meines Bruders.

(Aus: Lesehefte für den Literaturunterricht, Kürzestgeschichten, zusammengestellt von Dagmar Grenz; Ernst Klett Verlag, Stuttgart, 1987)

Übung 2

Schreiben Sie die Nebensätze ohne einleitende Konjunktionen.

2.1 Wenn er nicht so schnell gefahren wäre, wäre der Unfall nicht passiert.

Wäre er nicht so schnell gefahren, ...

2.2 Er behauptete steif und fest, dass er geglaubt habe, dass das Parkieren hier erlaubt sei.

... er habe geglaubt, das Parkieren sei hier erlaubt.

2.3 Falls Sie dasselbe Produkt anderswo günstiger finden sollten, werden wir Ihnen die Differenz vergüten.

Sollten Sie dasselbe Produkt anderswo günstiger finden, ...

2.4 Wenn man ihn fragt, behauptet er, dass alles in Ordnung sei.

Fragt man ihn, behauptet er, **alles sei in Ordnung.**

Nebensätze ohne konjugiertes Verb

> Satzlehre

Übung 1

Unterstreichen Sie die Infinitivsätze und überlegen Sie sich, ob ein Komma nötig ist. Wo kann allenfalls ein Komma den Satzsinn ändern?

1.1   *Es* ist nicht immer leicht**(,) für ihn(,) ein passendes Geschenk zu finden.** (Mind. ein Komma)

1.2   Es geht in der Sitzung *darum*, **eine Lösung für das Finanzproblem zu finden.**

1.3   **Um bessere Noten zu erzielen,** sollte er fleissiger lernen.

1.4   Das grösste Problem war *es*, **ein Stück Draht aufzutreiben.**

1.5   Nehmt doch den Zug, **statt mit dem Auto lange im Stau zu stehen.**

1.6   Haben Sie auch schon *daran* gedacht, **ein höheres Diplom anzustreben?**
      (darum, es, daran = hinweisende Wörter!)

Übung 2

Geben Sie die Sätze mit Hilfe von Infinitivkonstruktionen wieder (um zu; ohne zu; anstatt zu)

Beispiel: Ich wollte einkaufen. Ich ging in die Stadt. > Ich ging in die Stadt, um einzukaufen.

2.1   Du würdest besser mithelfen**, statt nur zu kritisieren.**

2.2   Sandra legt jeden Monat Geld zur Seite**, um ein Auto zu kaufen.**

2.3   Er zögerte keinen Moment**, das Angebot anzunehmen.**

2.4   Der Kleine holte sich Schokolade aus dem Schrank**, ohne die Mutter zu fragen.**

Übung 3

Sind die folgenden Sätze korrekt (✓) oder falsch (F)? Wenn falsch, verbessern Sie.

3.1   Ich besuchte den Berufsberater, um einen passenden Beruf zu finden. (✓)

3.2   Alle wissen, dass **es schön ist auf den Malediven Ferien zu machen. (F)**

3.3   Um über das Weltgeschehen informiert zu sein, lese ich jeden Tag die Zeitung. (✓)

3.4   Ich rief die Feuerwehr, **damit sie … (F)**

3.5   Die Kinder trugen Holz zum Picknickplatz, um dort ein Feuer zu machen. (✓)

3.6   Eine Anleitung wird mitgeliefert, **damit Sie keine Fehler … (F)**

3.7   Er bereitete sich seriös auf die Prüfung vor, **fiel aber … (F)**

Übung 4

Richtig (✓) oder falsch (F)? Verbessern Sie, was falsch ist.

4.1   Endlich zu Hause angekommen, machte ich mir zuerst einen heissen Tee. (✓)

4.2   Den Grosseltern zuwinkend, machten sie sich schliesslich auf den Weg. (✓)

4.3   **Während ich/du/er/sie/wir/ihr das Fussballspiel … (F)**

4.4   Die Wanderer erreichten die Hütte, vom Regen durchnässt und vom eisigen Wind steifgefroren. (✓)

4.5   **Kaum waren wir … (F)**

4.6   **Als ich/du/er/sie/wir/ihr im Büro des Chefs sass(en)/sassest, … (F)**

4.7   **Nachdem ich ihn mit feinen Hundeflocken gefüttert habe, … (F)**

Übung 1

Setzen Sie im mehrdeutigen Mustersatz das Komma an verschiedenen Orten und erklären Sie die jeweilige Bedeutung der Sätze. (Mustersatz: Wir rieten ihm sofort zu helfen.)

Wir rieten, ihm sofort zu helfen.

Wir rieten ihm, sofort zu helfen.

Wir rieten ihm sofort, zu helfen.

Übung 2

Testen Sie Ihre Komma-Sicherheit: Drei Sätze dieser Übung haben ein Komma, drei Sätze zwei und drei Sätze kein Komma.

2.1 Das auf heute Abend angesetzte Konzert der Gruppe «Alpenrocker» muss leider wegen Erkrankung eines der Bandmitglieder auf einen Zeitpunkt nach den nächste Woche beginnenden Sommerferien verschoben werden. **(0)**

2.2 Gut, ich komme vorbei, und zwar gleich morgen. **(2)**

2.3 Ein Markensammler löst Briefmarken vorsichtig ab und bewahrt sie sorgfältig auf, denn beschädigte Marken haben keinen Wert mehr und können ebensogut weggeworfen werden. **(1)**

2.4 Der Velorennfahrer musste einem Kind ausweichen, das auf die Strasse rannte, und stürzte dabei schwer. **(2)**

2.5 Die vom Räuber am Tatort zurückgelassene Mütze führte die Polizei auf seine Spur. **(0)**

2.6 An einem schönen, warmen Morgen im Frühling letzten Jahres sassen wir auf der Terrasse und nahmen das Frühstück ein. **(1)**

2.7 Wir gaben die Karte dem Leiter der Gruppe, damit er die Marschroute bestimmen konnte. **(1)**

2.8 Wer die Geschwindigkeit massiv überschreitet, muss nicht nur mit einer saftigen Busse, sondern unter Umständen auch mit einem Führerscheinentzug rechnen. **(2)**

2.9 Genau in diesem Moment kam unser Nachbar mit seinem Hund um die Ecke und erblickte die ganze Bescherung in seinem Garten. **(0)**

Übung 3

Erst das Komma macht folgende Sätze eindeutig. Wo können Kommas gesetzt werden?

Erklären Sie die unterschiedlichen Varianten.

3.1 Die Menschen(,) nicht(,) die Mauern machen die Stadt aus. (Mindestens ein Komma ist nötig.)

3.2 Die Gesellschaft war betrunken(,) bis auf den letzten Mann. **(,) = einer war nüchtern**

3.3 Ich freue mich(,) besonders(,) wenn wir Ferien haben. (Mindestens ein Komma ist nötig.)

3.4 Thomas, mein Nachbar(,) und ich waren gestern in Bern. **3 Personen/(,) = 2 Personen**

3.5 Der brave Mann denkt an sich(,) selbst zuletzt.

3.6 Sie hat den schönsten Mund(,) weit und breit.

3.7 Ich möchte(,) wie mein Vater(,) Millionär werden. **Vater = Millionär/(,) = Vater möchte auch**

3.8 Er beschloss(,) ausserdem(,) anzurufen.

3.9 Herr Braun ist mein einziger(,) untauglicher Mitarbeiter. **(,) = einziger und dazu untauglich**

3.10 Ich mag Freunde, die lügen(,) nicht. **Freunde lügen nicht/(,) = Ich mag keine Lügner**

3.11 Hier wird die Post, die eingeht(,) im Laufe des Tages(,) sortiert. (Mindestens ein Komma ist nötig.)

3.12 Jetzt freue ich mich(,) wieder(,) arbeiten zu dürfen.

Das Komma im einfachen Satz

Übung 1

Setzen Sie Kommas, wo nötig.

1.1   Man verbindet die Schweiz immer wieder mit Uhren, Käse, Schokolade oder Militär-Taschenmessern.

1.2   Wir gehen am Samstag entweder in einem gemütlichen italienischen Restaurant eine Pizza essen oder im Kino den neuen James-Bond-Film anschauen.

1.3   Ach, Sie sind bestimmt unsere neue Nachbarin, nicht wahr.

1.4   Dieses Jahr haben wir erheblich mehr Umsatz erzielt als letztes Jahr, nämlich ziemlich genau das Doppelte.

1.5   Prima, da bin ich gerne auch dabei, aber nur bei schönem Wetter.

1.6   Hier bekommt man nicht nur italienische, französische oder spanische Spezialitäten, sondern auch chinesische, indische und japanische Speisen.

1.7   Die Parkplätze sind meist voll belegt, vor allem an Samstagen sowie während des Abendverkaufs.

1.8   Sowohl Französisch, Deutsch und Englisch als auch Rechnen, Geschichte und Physik werden geprüft, und zwar jeweils entweder schriftlich oder mündlich.

1.9   Der Hund ist gross und bullig, aber sehr gutmütig, vor allem gegenüber Kindern.

1.10   In den Ferien mag ich weder in der Hitze schmoren noch an überfüllten Stränden liegen.

Übung 2

Das Komma zwischen Adjektiven. Hier müssen Sie genau auf die Bedeutung achten.

Beispiel: Er hat ein neues, amerikanisches Auto gekauft. > Sein altes Auto war nicht amerikanisch.

2.1   Die hinteren, billigen Plätze sind alle ausverkauft.
       Die vorderen Plätze sind **teuer**.

2.2   Die nächste grosse Veranstaltung findet im September statt.
       Die letzte Veranstaltung war **auch gross**.

2.3   Das grosse geheizte Schwimmbecken wird nächstes Jahr saniert.
       Das kleine Becken ist **auch geheizt**.

2.4   Die jüngeren verkleideten Teilnehmer begaben sich an den Umzug.
       Die älteren Teilnehmer waren **auch verkleidet**.

2.5   Das erste, laut gespielte Stück begeisterte die Zuhörer.
       Das zweite Stück wurde **leise/weniger laut** gespielt.

2.6   Die kurze, schwierige Aufgabe bereitete mir keinerlei Probleme.
       Die lange Aufgabe war **einfach/leicht**.

2.7   An einer weiteren, öffentlichen Sitzung des Rates wird das Problem nochmals behandelt.
       Die letzte Sitzung des Rates war **nicht öffentlich**.

Übung 3

Setzen Sie die Kommas.

Also, jetzt sollten Sie mit den gängigsten Fällen der Kommasetzung sowohl im einfachen als auch im zusammengesetzten Satz vertraut sein. Setzen Sie stets Kommas, selbst bei den flüchtigsten Notizen. Sorgfältiges, korrektes Setzen von Kommas zeugt nicht nur von Kenntnis der Regeln, sondern auch von einem klar strukturierten Denken sowie von einer gewissen Achtung der Sprache.

Übung

Setzen Sie im folgenden Text Kommas ein. Achten Sie dabei bewusst auf die Satzstrukturen. Wo sind die Hauptsätze? Welches sind Nebensätze?

Obwohl eine gepflegte und korrekte Sprache etwas vom Wichtigsten ist, achten heute Sprechende und Schreibende oft zu wenig darauf. Man hört immer wieder, wie vor allem junge Leute sich nur noch in einfachen und oft halben Sätzen unterhalten. Wohlüberlegte und durchdachte Sätze zu formulieren(,) fällt ihnen schwer. Natürlich ist es einfacher, nur noch Satzfragmente von sich zu geben, weil man sich dabei weniger konzentrieren muss, als wenn man sich um vollständige Sätze bemüht. Während dieser Umstand beim Sprechen noch verständlich ist, wiegt er beim Schreiben schon schwerer. Wer schon beim Reden über wenig Sprache und einen kleinen Wortschatz verfügt, wird beim Schreiben in noch grössere Schwierigkeiten geraten. Dabei legen heute viele Firmen, welche Mitarbeiter suchen, grossen Wert auf Bewerberinnen und Bewerber, die sprachsicher und sprachgewandt sind. Man hat bessere Chancen auf eine Stelle, wenn man sich sprachlich gut ausdrücken kann.

Was lässt sich tun, damit man seine Sprachfertigkeiten verbessern kann? Ein gutes Mittel ist das Lesen von Büchern. Indem man liest, nimmt man unbewusst Spracheindrücke auf und erweitert so seine Kenntnisse und Fähigkeiten. Der Wortschatz wird breiter(,) und man bekommt ein Gespür für guten Stil. Das setzt natürlich voraus, dass man nicht gerade etwas allzu Simples liest, sondern dass man sich mit Geschriebenem befasst, das ein gewisses Niveau hat.

Lesen hält aber für die Lesenden noch ein weiteres Phänomen bereit. Während wir ein Buch lesen, tauchen wir in die beschriebene Welt ein, bewegen uns darin und nehmen oft an der Handlung grossen Anteil, wie wenn wir selber ein Teil der Geschichte wären. Wir meinen, wir seien mittendrin. Wenn wir dann im wahrsten Sinne des Wortes ins Buch vertieft sind, kann uns eine Störung beim Lesen ziemlich irritieren. Wir tauchen aus der Handlung auf und müssen uns zuerst wieder zurechtfinden. Wo bin ich? Was ist Realität und was Fiktion? Und am Ende des Buches sind wir mit den Figuren ganz vertraut und betrachten sie als lieb gewonnene Bekannte, so dass es uns schwerfällt, uns von ihnen zu trennen.

Viele erfolgreiche Bücher sind verfilmt worden. Falls wir die Gelegenheit haben, den Film zu sehen, sind wir meist enttäuscht. Das, was uns auf der Leinwand im Kino geboten wird, ist ganz anders, als wir es uns vorgestellt haben. Das beweist, dass der Film, der in unserem Kopf während des Lesens abläuft, viel intensiver ist als der Film im Kino. Also bietet uns das Lesen nicht nur eine Vertiefung unseres Sprachkönnens, sondern auch eine Anregung unserer Fantasie.

Es gibt noch eine weitere Möglichkeit, die Sprachkompetenz zu fördern. Wer nicht nur viel liest, sondern auch selber schreibt, wird seiner Sprachfähigkeit einen zusätzlichen Dienst erweisen. Wann haben Sie zum letzten Mal etwas geschrieben? Damit sind natürlich nicht SMS-Botschaften, E-Mails voller Abkürzungen oder Grusspostkarten aus den Ferien gemeint. Verfassen Sie manchmal «richtige» Briefe an Verwandte und Bekannte(,) oder pflegen Sie eine Brieffreundschaft? Das sind schon bessere Gelegenheiten zum Schreiben. Aber man kann ja nicht jeden Tag Briefe verschicken. Eine Möglichkeit, wie man täglich eine Art Brief schreiben kann, ist das Tagebuch. Was ist das anderes als eine Art Brief an sich selber, in welchem man sich seine eigenen Erlebnisse und Gedanken erzählt. Falls Sie Lust haben und das Schreiben selber versuchen wollen, sollten Sie einmal ein paar Monate lang ein Tagebuch führen. Zweifeln Sie nicht daran, ob Sie das können. Nehmen Sie ein Heft(,) und fangen Sie an. Ausser Ihnen liest das ja niemand. Es dauert einige Tage, bis Sie in Schwung kommen, doch mit der Zeit stellen Sie fest, dass es Freude macht und dass Ihnen das Erzählen und Formulieren einfacher fällt. Und solange Sie Tagebuch schreiben, halten Sie vieles fest, was in späteren Jahren wieder in Erinnerung gerufen werden kann.

Übrige Satzzeichen 1

> Zeichensetzung

Übung 1

Setzen Sie die fehlenden Kommas, Punkte, Strichpunkte und, wenn nötig, Grossbuchstaben.

1.1 Der Journalist fragte, wie lange der Autor an seinem Buch gearbeitet habe, wie er sich jetzt fühle und ob er bald wieder einen Roman schreiben werde.

1.2 Der Film, der vom Leben in der Wüste handelte, gefiel unseren Nachbarn nicht, was niemanden von uns weiter verwunderte.

1.3 Der Kakaobaum ist ein anspruchsvolles Gewächs; das Leben in zu grosser Höhe, bei zu niedrigen Temperaturen und zu wenig Feuchtigkeit sagt ihm nicht zu.

1.4 Solange bei euch umgebaut wird, könnt ihr hier wohnen; schliesslich haben wir genug Platz.

1.5 Sie war beeindruckt von der Vielfalt der Gebäude in dieser Stadt: Da gab es Kirchen, Paläste und eine Burg; Banken, Geschäftshäuser, Einkaufszentren; ein Sportstadion und ein Kunstmuseum.

1.6 Alle waren schon längst gegangen. Nichts zu machen. Er musste nun selbst zurechtkommen.

1.7 Das OK des Vereins teilt mit, es seien insgesamt 27 kg Brot, 60 l Mineralwasser und 31 l Bier konsumiert worden.

1.8 Am 12. Juni wurde der 50 000. Besucher des neuen Schwimmbads registriert. Er erhielt von der Gemeinde eine moderne Taucherbrille.

1.9 Zecken, Fliegen, Mücken usw. können einem den Aufenthalt im Freien verleiden, vor allem, wenn man sich nicht gegen sie schützen kann.

1.10 Ich hatte gesehen, dass im Haus nebenan, wo Rufers wohnten, noch Licht brannte; da konnte ich mir bestimmt noch etwas Backpulver borgen.

1.11 Für die 100 km, die er an den Lauftagen gerannt ist, hat Bernhard lange trainiert. Ich finde, wir sollten ihm heute noch gratulieren.

1.12 Ich habe mir eine Ferienlektüre gekauft; sie heisst «Glaube stets an das Gute». Jetzt freue ich mich auf unterhaltsame, entspannende Lesestunden.

Übung 2

Setzen Sie die fehlenden Kommas, Punkte und Grossbuchstaben.

Er war schon lange Zeit da gewesen, wortlos an seinem Tisch gesessen, bevor er von den andern beachtet wurde. Plötzlich dann nickte man zu ihm hinüber.

Man lachte, stand auf, trat an seinen Tisch, reichte ihm die Hand hin, freundlich, setzte sich zu ihm, rückte die Krawatte zurecht und beteuerte, es sei eine Ehre, eine Freude, den berühmten Mann einmal persönlich hier zu sehen.

Die Verlegenheit, die rot in seinem Gesicht stand, wurde als Bescheidenheit gedeutet.

Doch einer sprach die Vermutung aus, es könnte, ja, es müsse sich um eine Verwechslung handeln, die Ähnlichkeit sei zwar aussergewöhnlich, sei täuschend.

Der verlegene Ausdruck wechselte nun in ihre Gesichter. Man stand zögernd auf, nickte noch, lächelte kaum mehr, gab die Hand, die ohnehin zu feuchte, nicht, ging zurück an den eigenen Tisch, setzte sich wieder. Man schaute vielleicht nochmals hinüber, stocherte mit dem Löffelchen in der Tasse und vergass den Mann am andern Tisch.

Nie hatte er etwas gesagt, hatte keine Aufmerksamkeit verlangt. Er war derselbe geblieben, war verwechselt, erhoben worden. Es sei eine Ehre, hatte man gesagt. Ein Irrtum war es, stellte sich heraus. Er war zurückgestossen, fallengelassen worden. Noch lang sass er an seinem Tisch, ehe er ging, sass still, stand plötzlich auf, ging schnell, ging grusslos und wurde nie mehr gesehen an diesem Ort.

(Silvio Blatter: Der Fremde)

Übrige Satzzeichen 2

Übung 1

Setzen Sie Ausrufezeichen, Fragezeichen, Doppelpunkte, Anführungszeichen, Gedankenstriche und, wenn nötig, Grossbuchstaben.

1.1 «Sollen wir am Wochenende wandern gehen?» – «Meinetwegen.»

1.2 Walter sagt über London – und er hat schon viele Städte gesehen – es herrsche ein unvorstellbares Verkehrschaos.

1.3 Die grosse Schwester schrie: «Lass die Finger von meinen Sachen! Du gehst mir auf die Nerven!»

1.4 Der Ausspruch «Freude herrscht» ist innert Kürze als geflügeltes Wort in die Umgangssprache eingegangen.

1.5 In der «Berner Zeitung» stand geschrieben: «Ozongehalt steigt – was nun?».

1.6 «Warum sich auch sorgen?», fand Herr Braun. «Das Reisebüro hat meine Ferien gut organisiert.»

1.7 Am Morgen spürte er die Folgen der durchzechten Nacht: starke Kopfschmerzen, Übelkeit und Schwindelgefühle.

1.8 «Achtung, Achtung!», ertönte es aus dem Lautsprecher. «Die fünfjährige Natalie sucht ihre Eltern.»

1.9 Warum er nicht schon früher auf diese ausgezeichnete Idee gekommen war, konnte er sich nicht erklären.

1.10 Hatten wir es nicht schon lange vermutet? Bäcker Hofers «Buttergebäck» enthielt Schweineschmalz.

1.11 Der Beschluss des Gemeinderates ist endgültig: Eine Vergrösserung der Parkplatzfläche steht nicht zur Diskussion.

1.12 Tante Erna senkte die Stimme. «Die heutigen Kinder», sagte sie, «wissen sich einfach nicht mehr zu benehmen.»

Übung 2

Schreiben Sie den Text ab und setzen Sie dabei alle fehlenden Satzzeichen und die nötigen Grossbuchstaben.

Drei Frauen wollten Wasser holen am Brunnen. Nicht weit davon sass ein Greis auf einer Bank und hörte zu, wie die Frauen ihre Söhne lobten.

«Mein Sohn», sagte die erste, «ist so geschickt, dass er alle hinter sich lässt.»

«Mein Sohn», sagte die zweite, «singt so schön wie die Nachtigall! Es gibt keinen, der eine so schöne Stimme hat wie er.»

«Und warum lobst du deinen Sohn nicht?», fragten sie die dritte, als diese schwieg.

«Ich habe nichts, wofür ich ihn loben könnte», entgegnete sie. «Mein Sohn ist nur ein gewöhnlicher Knabe. Er hat etwas Besonderes weder an sich noch in sich.»

Die drei Frauen füllten ihre Eimer und gingen heim. Der Greis ging langsam hinter ihnen her. Die Eimer waren schwer und die abgearbeiteten Hände schwach. Deshalb machten die Frauen eine Ruhepause, denn der Rücken tat ihnen weh.

Da kamen ihnen drei Knaben entgegen. Der erste stellte sich auf die Hände und schlug Rad um Rad – und die Frauen riefen: «Welch ein geschickter Junge!»

Der zweite sang so herrlich wie die Nachtigall (,) und die Frauen lauschten andachtsvoll und mit Tränen in den Augen.

Der dritte Knabe lief zu seiner Mutter, hob die Eimer und trug sie heim.

Da fragten die Frauen den Greis: «Was sagst du zu unseren Söhnen?»

«Wo sind eure Söhne?», fragte der Greis verwundert. «Ich sehe nur einen einzigen Sohn!»

(Leo Tolstoi: Die drei Söhne)

Übrige Satzzeichen 3

Übung 1

Setzen Sie die fehlenden Satzzeichen und, wenn nötig, Grossbuchstaben.

1.1 Heute Abend grillen wir Koteletts, Kalbs- und Schweinsbratwürste.
1.2 Für neun 10tel aller Menschen ist die Einstein'sche Relativitätstheorie noch heute unbegreiflich.
1.3 Dank Fritz' Beziehungen bekamen wir Karten für das Musical «Evita».
1.4 Die «Man-gönnt-sich-ja-sonst-nichts-Mentalität» gewisser Leute artet zeitweise in einen regelrechten Kaufrausch aus.
1.5 Unsere Bekannten leben in einer 120-m²-Wohnung in der Nähe des Robert-Walser-Platzes im Stadtzentrum.
1.6 Die 3fache Mutter sagt aus: «Ich habe einen 11-, einen 13- und einen 15-jährigen Sohn; sie alle sind begeisterte Fussballfans.»
1.7 In unserem Büro gibt es mehrere PCs, die nicht 100%ig funktionieren.
1.8 Die Texte Bertolt Brechts (1898–1956) sind für uns noch heute spannend zu lesen.

Übung 2

Schreiben Sie den unten stehenden Text ab. Setzen Sie dabei alle Satzzeichen und die nötigen Grossbuchstaben.

Kniehorn, der sich von seiner Grippe erholt hatte, winkte entweder breit grinsend aus seinem Packard oder ging freundlich grüssend durch das Dorf, in welchem er, sehr zur Genugtuung der ansässigen Krämer, vermehrt seine Einkäufe tätigte. Es war Montagabend, als Kniehorn am Dorfende auf der Strasse nach Krälligen Verena Andrist überholte, die sich, ihr Fahrrad nebenher schiebend, offenbar auf dem Heimweg befand. Dass sie unzufrieden war, sah man ihr schon von hinten an. Kniehorn fuhr den Packard unter die nächste Strassenlampe, hielt an und stieg aus.

Warum sie zu Fuss gehe, erkundigte er sich, sobald sie zu ihm aufgeschlossen hatte.

«Die Kette ist gerissen!», schimpfte Verena. Ihre Augen blitzten entrüstet, und ihr vor Ärger erhitztes Gesicht sah zum Verlieben hübsch aus. «Vorige Woche habe ich einen Nagel erwischt, gestern ist die Lampe futsch gegangen und jetzt das, es ist zum Haaröl …»

«Zum Haaröl was?», schmunzelte Kniehorn.

«Aba, es ist ja gleich.» Sie hob das Velo unsanft am Lenker hoch und liess es wieder auf das Vorderrad fallen. In diesem Augenblick merkte Kniehorn, dass Verena blaue Augen hatte. Schwarze Haare und blaue Augen, fand er, war etwas ganz Apartes.

«Wenn Sie Ihr Fahrrad so unsanft behandeln, müssen Sie sich nicht verwundern, wenn es kaputtgeht», frotzelte er.

«Und wenn Sie glauben, mich schulmeistern zu müssen, können Sie mich geradesogut duzen», gab Verena zurück.

(Aus: Alexander Heimann: «Dezemberföhn», S.100/101)

Übung 3

Schreiben Sie die beiden Fabeln ab und setzen Sie dabei alle fehlenden Satzzeichen und die nötigen Grossbuchstaben.

Eine Elster flog in den Zweigen eines Baumes umher und schwatzte unaufhörlich. Ein Rabe sass nachdenklich auf einem Ast und hörte zu. Endlich fragte die Elster: «Warum bist du so nachdenklich, mein Freund, glaubst du vielleicht nicht, was ich erzähle?» «Nicht alles», erwiderte der Rabe. «Wer so viel schwatzt wie du, wird immer etwas dazu lügen.»

(Aus Russland: Die Elster und der Rabe)

Eine Kuh, die beim besten Willen zu alt zum Milchgeben war, wurde an einen Schausteller verkauft, dem sie das Karussell ziehen sollte. «Der Aufstieg beginnt!», sagte sie.

(W. Schnurre: Die Verkannte)

> Zeichensetzung